最新法律文件解读丛书

刑事
法律文件解读

XINGSHI FALÜ WENJIAN JIEDU

人民法院出版社　编

总第 235 辑　2025.01

人民法院出版社

图书在版编目（CIP）数据

刑事法律文件解读. 总第235辑 / 人民法院出版社编. 北京 : 人民法院出版社, 2025. 6. --（最新法律文件解读丛书）. -- ISBN 978-7-5109-4450-5

Ⅰ. D924.05；D925.205

中国国家版本馆CIP数据核字第2025FM3443号

刑事法律文件解读·总第235辑

人民法院出版社　编

责任编辑　邓颖君
出版发行　人民法院出版社
地　　址　北京市东城区东交民巷27号　邮编　100745
电　　话　（010）67550682（责任编辑）　67550558（发行部查询）
65223677（读者服务部）
客服 QQ　2092078039
网　　址　http：//www.courtbook.com.cn
E - mail　courtbook@sina.com
印　　刷　三河市国英印务有限公司
经　　销　新华书店
开　　本　787毫米×1092毫米　1/16
字　　数　115千字
印　　张　8
版　　次　2025年6月第1版　2025年6月第1次印刷
书　　号　ISBN 978-7-5109-4450-5
定　　价　28.00元

卷首语

2021年9月，最高人民检察院设立驻中国证监会检察室，以全面深化履行检察机关推动资本市场法治化建设的法律监督职责，加强证券犯罪检察专业化建设，提升证券执法司法水平。本辑“指导案例、典型案例与解读”栏目重点收录了《最高人民检察院关于印发最高人民检察院第五十五批指导性案例的通知》，该批指导性案例以证券犯罪为主题，涵盖财务造假、欺诈发行、违规披露、内幕交易、操纵证券市场等重点打击领域，对上市公司实控人、董事长、高管、金融从业人员、中介组织人员以及非法获取内幕信息人员等全链条追责，为司法办案提供参考借鉴。同时，该栏目还收录了最高人民检察院第五十二批、第五十三批指导性案例的解读文章和最高人民法院指导性案例186、187、188号的三篇解读文章，以便办理类似刑事案件的人员在司法实践中参照适用。

另外，针对目前电信网络诈骗犯罪持续多发高发，犯罪形势严峻复杂的态势，本辑在“指导案例、典型案例与解读”栏目也专门收录了最高人民法院发布的《电信网络诈骗及其关联犯罪典型案例》，以充分发挥典型案例的警示、教育、指引作用。并在“司法实务问题研究”栏目登载《电信网络诈骗的罪群生态与刑法治理》一文，就电信网络诈骗犯罪的认定及处理方式提出建议，可供借鉴。

此外，在“新类型疑难案例选评”栏目中登载的《赵某民减刑案》一文，对罪犯刑罚执行过程中发现的漏罪与原罪并罚后，决定执行刑罚为死刑缓期执行时，前罪已经执行刑期的处理进行了探讨，以飨读者。

最新法律文件解读丛书
编　辑　部

兰丽专　　（010）67550626

丁丽娜　　（010）67550608

邓颖君　　（010）67550682

杨　洁　　（010）67550656

路建华　　（010）67550682

丁塞峨　　（010）67550656

投稿邮箱：

《刑事法律文件解读》　1932255340@ qq. com

《民事法律文件解读》　1216921515@ qq. com

《商事法律文件解读》　shangshijiedu@ 126. com

《行政与执行法律文件解读》　1290312696@ qq. com

目录

指导案例、典型案例与解读

司法实务问题研究

新类型疑难案例选评

指导案例、典型案例与解读

依法充分规范履行刑事立案和侦查活动监督职责

——最高人民检察院第五十三批指导性案例解读*

周惠永**　刘中琦***

《中共中央关于加强新时代检察机关法律监督工作的意见》提出，要强化刑事立案和侦查活动监督。党的二十大报告强调："强化对司法活动的制约监督，促进司法公正。加强检察机关法律监督工作。"为贯彻落实党中央决策部署精神，切实履行好法律监督职责，依法、充分、规范开展立案和侦查活动监督工作，2024年4月23日，最高人民检察院以立案和侦查活动监督为主题，印发了第五十三批指导性案例。为准确理解和适用该批指导性案例，现对案例发布背景、意义和主要内容进行解读。

一、第五十三批指导性案例的发布背景和意义

刑事诉讼法、最高人民检察院发布的《人民检察院刑事诉讼规则》

---

* 该批案例收录于《刑事法律文件解读》（总第231辑），人民法院出版社2024年版，第80—103页。

** 最高人民检察院普通犯罪检察厅副厅长、二级高级检察官。

*** 最高人民检察院普通犯罪检察厅第七办案组主办检察官、三级高级检察官。

等关于刑事立案监督和侦查活动监督的制度设计，对规范侦查机关具体侦查行为、实现惩罚犯罪和保障人权目标、确保诉讼程序合法有效、保证法律统一正确实施等具有重要意义。

从近些年的实践情况看，侦查机关应当立案而不立案、不应当立案而立案、长期“挂案”、刑讯逼供、非法取证等侦查违法行为时有发生，严重损害司法公正、司法公信和司法权威，需要检察机关更好发挥职能作用，及时予以监督纠正。与此同时，检察机关自身也面临监督线索发现难、调查核实难、监督纠正难，侦查监督工作开展不及时、不到位、不规范，检察官能力、水平不能满足高质效监督履职需要等制约侦查监督工作高质量发展的突出问题。

为加强对刑事立案监督和侦查活动监督的指导，最高人民检察院于2021年组织开展了全国检察机关优秀立案和侦查活动监督案例选树活动，从中选取了指导意义突出的部分案例，编纂了最高人民检察院第五十三批指导性案例。总体的指导思想是通过指导性案例，从以下几方面引导、指导检察官：一是提升监督意识，依法充分履行立案和侦查活动监督职责。检察机关是宪法规定的国家法律监督机关，在各类案件办理中，应依法充分履行监督职责，及时发现并纠正侦查违法，高质效办好每一个案件，努力让群众在每一个司法案件中感受到公平正义。二是树立正确理念，规范开展立案和侦查活动监督工作。监督履职过程中，应摒弃为监督而监督，监督就是制发文书、就是找茬纠错的错误认识和做法，而应当围绕协同提升刑事案件办理质量，协同提升公安执法规范化水平和检察监督能力，共同实现惩罚犯罪与保障人权并重目标，规范、有效开展监督工作。三是提升监督能力水平，用足用好调查核实权。开展立案监督和侦查活动监督，应当对监督事项、监督线索开展充分、扎实的调查核实工作。检察机关可以在不限制被调查对象人身、财产权利的情况下，依法运用讯问、询问、听取意见、勘验、检查、鉴定以及调取、查询、复制相关文书卷宗材料等手段，夯实事实和证据基础，以此有效提升监督意见的准确性和监督权威。

二、第五十三批指导性案例的主要内容与指导意义

（一）尹某某等人诈骗立案监督案（检例第213号）

2016年8月31日，乙公司向广西壮族自治区桂林市人民检察院提出监督立案申请，称尹某某等人多次以伪造公章、虚增地基桩工程量等方式骗取其工程款，已构成犯罪，但该公司自2012年5月起多次向公安机关举报，公安机关均不予立案，请求检察机关监督立案。桂林市人民检察院开展了以下调查核实工作：一是听取申请人及其代理律师意见，核实工程建设、工程款支付情况，了解相关民事诉讼及强制执行过程。二是询问侦查人员，了解到未予立案侦查的理由，系认为该案事实与法院生效民事判决属于同一法律事实，且检察院未通知公安机关立案。三是调取民事诉讼卷宗材料和相关公司印章、地基桩设计图、施工合同、抽样质检报告、工程结算单等，比对发现原民事案件存在伪造乙公司印章和工程结算单等行为。四是调取原地质、水文勘测资料、渣土运输审批记录等书证；询问勘测工程师、承运渣土司机等相关施工人员；实地勘测工程现场和倾倒渣土现场，排除因溶洞、地下暗河导致的工程量超出计划工程量的可能，发现尹某某等人有虚增工程量及相关土石方附属工程量行为。五是委托相关专业机构对实际工程量和工程造价进行鉴定，核实尹某某等人在民事案件中诉请的工程款存在远超实际工程造价的情况。

2016年12月14日，桂林市人民检察院向桂林市公安局发出要求说明不立案理由通知书。桂林市公安局回复称尹某某等人诈骗一案与生效民事判决的案件属于同一法律事实，没有犯罪事实发生。桂林市人民检察院审查后认为，根据已有证据材料能够证明尹某某等人通过虚增地基桩工程量，获得法院判决确认后，通过申请强制执行获取虚增工程款，

数额特别巨大，涉嫌诈骗犯罪，公安机关不立案理由不能成立。桂林市人民检察院向桂林市公安局发出通知立案书，并将调查核实取得的证据材料一并移送公安机关。同年12月29日，公安机关依法对尹某某等人涉嫌诈骗罪立案侦查。

公安机关立案侦查后，桂林市人民检察院加强与公安机关的协作配合，跟踪督促案件办理情况并及时提出侦查取证意见。一是督促公安机关依照法定程序，对检察机关调查核实所获取的证人证言、被害人陈述、书证等证据材料予以收集固定。二是与公安机关建立关键信息实时共享、重要证据实时联络、重要节点实时会商的协作配合机制，密切跟踪侦查取证进展情况，发现需要补充证据的，列明取证提纲并督促公安机关及时完成取证工作。公安机关根据检察机关意见和会商形成的侦查取证方案，依法搜查获取能够证明真实地基桩工程量的关键书证，查明尹某某伙同他人共同实施诈骗犯罪的事实。三是持续跟踪督促公安机关深挖彻查犯罪线索，最终查明尹某某等人涉嫌实施诈骗、虚假诉讼、寻衅滋事、行贿、集资诈骗、挪用资金6个罪名18起违法犯罪事实，涉案金额高达4亿余元，尹某某等人涉嫌构成恶势力犯罪集团。

该案例的指导意义在于：对于刑民交叉案件，应当遵循“先刑后民”原则，区分不同情形开展立案监督工作。公安机关以涉嫌刑事犯罪的案件与法院作出生效裁判文书的民事案件属于同一事实或者有牵连关系为由不予立案，当事人申请监督立案的，检察机关应当进行全面审查，准确把握实质法律关系。经审查认为民事案件与涉嫌犯罪案件系同一事实，全案不属于民事案件而涉嫌刑事犯罪，或者民事案件与涉嫌犯罪案件虽不是同一事实但有牵连关系，部分涉嫌刑事犯罪，需要追究刑事责任，符合立案条件的，应当依法监督公安机关立案侦查；认为没有犯罪事实发生，或者犯罪情节轻微不需要追究刑事责任，或者具有其他依法不需要追究刑事责任情形，不符合立案条件的，依法答复申请人。既要防止以刑事手段插手经济纠纷，又要注意避免以经济纠纷为由放纵犯罪。

对于监督立案的重大复杂案件，应当持续跟踪督促侦查取证工作。通过重大疑难案件听取意见、案件会商、法律咨询等方式，就证据收集、事实认定、案件定性等提出必要、明确、可行的意见建议，推动公安机关及时依法收集、固定、转化检察机关调查核实获取的证据材料，切实提升侦查办案质效。

（二）郭某甲、林某甲拒不执行判决、裁定立案监督案（检例第214号）

2019年4月12日，债权人林某乙以原民事案件历时6年仍未执行到位，福建省福清市人民法院怠于执行为由，向福清市人民检察院申请监督。福清市人民检察院控告申诉检察部门受理后，经审查申请材料、听取林某乙诉求，认为该申请符合民事执行活动监督受理范围，移送民事检察部门办理。

因该案可能涉嫌构成拒不执行判决、裁定罪，为整合内部力量、提升监督质效，福清市人民检察院民事检察部门与检察侦查部门抽调人员联合成立专门办案组，经调卷审查、实地调查、走访行政部门后发现，郭某甲、林某甲在房产征收拆迁过程中，通过案外人吴某甲向街道办事处提交借条、抵押条等材料的方式，要求街道办事处将房屋征收拆迁补偿款直接汇给案外人吴某甲。

为进一步查清案件事实，办案组通过调取银行流水等方式对相关款项的流向进行了深入调查，发现146万元征迁补偿款流入吴某甲账户后，有121万元汇出至郭某甲、林某甲实际控制、使用的他人账户，再从该账户汇转至郭某甲、林某甲的10余名亲友账户。

2019年6月，福清市人民检察院向公安机关通报线索情况、移送证据材料，并持续跟踪督促公安机关及时立案侦查；向福清市人民法院发出检察建议，建议及时追回执行款；向街道办事处发出检察建议，建议针对征迁工作中的失职行为开展自查自纠，健全规章制度，强化法律意识。

经福清市人民检察院依法监督，福清市公安局对郭某甲、林某甲涉嫌拒不执行判决、裁定罪一案立案侦查。2020年1月，福清市人民法院以郭某甲、林某甲犯拒不执行判决、裁定罪，均判处有期徒刑一年六个月。二人未上诉。同时，福清市法院追回征收拆迁补偿款146万元发还林某乙，并更换执行承办人继续跟进后续执行情况。

该案例的指导意义在于：检察机关应当发挥检察监督一体化优势，加强对拒不执行判决、裁定罪的立案监督工作。民事检察部门在开展民事执行活动监督工作中，应注意发现、移送涉嫌拒不执行判决、裁定犯罪线索。对转移财产型拒不执行判决、裁定的案件线索，刑事检察、民事检察等部门应协同加强对监督线索的调查核实，围绕被隐藏、转移财产的来源和具体走向等，综合采取询问、查询、勘验、委托鉴定、调取证据材料等手段，全面查明是否存在“有能力执行而拒不执行，情节严重”情形，高质效开展拒不执行判决、裁定罪的监督立案工作。

充分履行法律监督职责，助力解决法院“执行难”问题。应加强对民事执行活动的法律监督，在督促法院依法开展执行工作的同时，对于违反法律规定逃避裁判执行义务且情节严重的被执行人，通过加强线索移送、监督立案、批准逮捕、审查起诉等履职办案工作，依法及时追究被执行人拒不执行判决、裁定的刑事责任，发挥刑罚的惩治、警示、教育作用，助力推动解决“执行难”问题，维护司法权威。

（三）刘甲、刘乙恶势力犯罪集团侦查活动监督案（检例第215号）

2013年至2018年，刘甲、刘乙分别纠集卢某某等人，在实施“套路贷”及高利放贷过程中，形成两个恶势力犯罪集团，有组织地多次实施敲诈勒索、非法拘禁、诈骗等违法犯罪活动，获取非法经济利益。

2019年4月12日，公安机关对该案立案侦查；同年5月至6月，先后对刘甲、刘乙、卢某某等人采取指定居所监视居住强制措施；同年8月至10月，先后对刘甲、刘乙等人提请江苏省泰州医药高新技术产业开发区（以下简称高新区）人民检察院批准逮捕。

2019年10月，在审查逮捕过程中，承办检察官发现卢某某的供述前后矛盾，遂要求其说明理由，卢某某长时间沉默不语。后经检察官释法说理、耐心沟通，卢某某反映其在指定居所监视居住期间，曾遭受殴打及饥饿、疲劳讯问。

针对发现的侦查违法线索，高新区人民检察院开展了以下调查核实工作：一是根据卢某某反映的遭受殴打的时间、地点，调取并审查指定居所监视居住期间相应时段的录音录像，发现部分关键时段录像缺失。二是调取并审查全案指定居所监视居住期间录音录像，经与传讯通知书、讯问笔录进行比对，发现侦查人员存在较长时间内对犯罪嫌疑人连续疲劳讯问情况，违反了讯问应当保证犯罪嫌疑人必要休息时间的法律规定，并有违法使用戒具等情形。三是逐一讯问被指定居所监视居住的同案犯罪嫌疑人，详细了解饮食、休息等情况，刘甲、刘乙等人均反映存在长时间未保障必要饮食和休息等违法情形，发现有个别犯罪嫌疑人因长期未获得休息、饮食保障，身体健康状况受到严重影响。

经调查核实，高新区人民检察院认为，公安机关侦查活动存在严重违法，涉嫌刑讯逼供，依法应予以监督纠正：一是就疲劳审讯、饥饿审讯、违法使用戒具、连续传唤变相拘禁犯罪嫌疑人等问题制发纠正违法通知书，并当面向公安机关通报发现的问题，督促公安机关予以整改。二是依据《人民检察院刑事诉讼规则》第三百四十一条的规定，要求公安机关及时更换侦查人员，重新开展相关侦查取证工作。三是将侦查人员涉嫌刑讯逼供的线索材料移送泰州市人民检察院，并提出初步研判和分析意见。

根据非法证据排除的相关法律规定，高新区人民检察院认为侦查人员的侦查活动严重违法，依法排除了刘甲、刘乙、卢某某等犯罪嫌疑人在指定居所监视居住期间所作的有罪供述，并告知犯罪嫌疑人及其辩护人。非法证据排除后，在案其他证据能够证明刘甲、刘乙等人涉嫌犯罪，但部分事实不清、证据不足，需要进一步侦查取证。为此，检察机关在审查起诉阶段依法开展了自行补充侦查，重点围绕非法证据所涉及的案件事实，重新讯问犯罪嫌疑人、询问被害人，核实各犯罪嫌疑人实施的犯罪行为及其在犯罪集团中的地位、作用，以亲历性审查确保案件事实认定客观准确。同时，就证明恶势力犯罪集团危害性特征等问题，将案件退回公安机关补充侦查，后公安机关补充收集固定证据50余份。

在此基础上，高新区人民检察院以涉嫌构成敲诈勒索罪、非法拘禁罪、诈骗罪、寻衅滋事罪，分别对刘甲、刘乙、卢某某等多人提起公诉，全案被告人均自愿认罪认罚。2020年10月30日，高新区人民法院一审判处刘甲、刘乙、卢某某等人有期徒刑十二年至十个月不等的刑罚。被告人均未上诉。对该案中发现的刑讯逼供犯罪线索，经检察机关立案侦查、提起公诉，两名侦查人员被依法追究刑事责任。

该案例的指导意义在于：检察机关应加强对犯罪嫌疑人被指定居所监视居住期间侦查活动合法性的审查和监督。在审查案件中，应认真听取犯罪嫌疑人对侦查违法的控告意见，注意审查侦查人员的讯问时间、频次以及犯罪嫌疑人供述变化情况，全面了解戒具使用、人身安全检查、饮食休息保障等方面情况，必要时调取并查看同步录音录像。经调查审查发现侦查人员涉嫌刑讯逼供犯罪的，应当将有关线索材料按程序移送检察侦查部门，依法开展初查、侦查工作，全面核实相关情况。

综合审查判断并依法排除非法证据。对于侦查人员采取殴打、违法使用戒具等暴力方法，或者以不保障必要饮食和必要休息时间等恶劣手段，造成受伤、患病等严重损害犯罪嫌疑人身体健康后果的，应当认为已达到犯罪嫌疑人难以忍受的痛苦程度；对于并未造成严重后果的，经综合审查侦查违法行为的方式、频次，属于长时间、频繁实施该类行为的，可以认为达到使犯罪嫌疑人遭受难以忍受痛苦的程度。基于上述情况而获取的有罪供述，应当依法排除。

排除非法证据后，有证据证明犯罪嫌疑人涉嫌犯罪但证据不够确实、充分，证据链条不完整的，检察机关可以退回公安机关补充侦查，明确提出补充侦查的方向和具体意见，并依法要求公安机关另行指派侦查人员重新进行侦查取证；必要时，也可以自行调查取证，确保案件事实认定客观准确。

（四）付某盗窃侦查活动监督案（检例第216号）

2020年6月，四川省绵阳市涪城区人民检察院在审查起诉付某盗窃案时发现，在案有付某有罪供述、上网登记身份证信息、指认现场笔录等证据，证明付某有盗窃嫌疑。随后，涪城区人民检察院在对付某进行第一次讯问时，付某也表示认罪认罚，并于次日主动赔偿了被害人损失。但同时，在案证据也存在疑点。例如，案发现场监控视频中犯罪嫌疑人头戴帽子，面部特征不清晰，体型与付某存在一定差异；付某关于在案发快餐店购买的食物种类、所盗手机摆放位置以及是否处于充电状态等供述，与被害人陈述不一致。此外，付某还在讯问后多次以电话形式向承办检察官了解被定罪处罚的法律后果。

针对上述问题，涪城区人民检察院再次讯问付某，在重新核实作案细节的同时，详细向其释明了盗窃犯罪的刑罚责任、认罪认罚的性质和法律后果。经释法说理，付某改变了原有罪供述。综合在案证据，涪城区人民检察院认为付某认罪认罚的自愿性、真实性、合法性存疑，侦查人员可能存在未客观、全面收集、调取证明犯罪嫌疑人无罪证据的情形。

围绕问题线索，涪城区人民检察院组织开展了调查核实、督促取证工作。一是经询问本案侦查人员、查阅案卷材料、调取执法记录影像资料发现，该案侦查人员根据网吧登录的身份信息认定案件系付某所为，未采信付某所作无罪辩解，未依法全面收集调取证明犯罪嫌疑人无罪的证据。二是经查看案发现场监控视频，发现视频清晰度较差，不具备比对、辨认条件，而犯罪嫌疑人使用付某身份证件的网吧监控视频因时间久远已被覆盖无法调取，认定犯罪嫌疑人系付某的客观性证据仅有其身份证登录信息，未能形成完整的证据链条。三是针对付某的无罪辩解，公安机关按照检察机关补充相关证据材料的要求，调取了付某手机定位、骑行记录、其亲属及同事的证人证言，证实案发时段付某在四川省眉山市，不在案发的绵阳市；调取了付某出行记录，通过大数据查询比对后证实案发前后付某无乘坐动车、火车、汽车等公共交通工具的出行记录；核查了户证办理系统，证实付某曾于 2016 年 10 月、2018 年 6 月两次因身份证丢失补换身份证。

综合调查核实情况以及其他在案证据材料，涪城区人民检察院查明，在案发时段内，付某不在案发城市，盗窃行为非其所为。2020 年 7 月 29 日，检察机关依法对付某作出不起诉决定，并要求公安机关对该盗窃案继续侦查。同时，就侦查人员未收集调取明显可以收集调取的无罪证据等怠于侦查行为，涪城区人民检察院向公安机关制发纠正违法通知书。

该案例的指导意义在于：检察机关办理犯罪嫌疑人认罪认罚的轻微刑事案件，应当加强对侦查活动合法性和认罪认罚真实性、自愿性、合法性的审查监督。特别是小额盗窃、危险驾驶等案件，应注重审查侦查取证过程中是否存在暴力、威胁、引诱等侦查违法情形，审查犯罪嫌疑人是否理解认罪认罚的性质和可能导致的法律后果等方面内容，防止出现违背意愿的认罪认罚。

坚持证据裁判原则，强化对证据体系的审查与完善。加强对书证、物证等客观性证据与案件事实之间的关联性以及犯罪主体的同一性审查；重视言词证据之间的细节差异，确保全案证据相互印证且形成完整的证据链条，做到事实清楚，证据确实、充分。对于犯罪嫌疑人作出的无罪、罪轻辩解，或者审查发现犯罪嫌疑人无罪、罪轻证据线索的，检察机关应当坚持客观公正立场，通过自行补充侦查调取证据材料，或者督促公安机关继续侦查、补充侦查等方式，全面客观收集无罪、罪轻的证据。对侦查人员怠于侦查，未依法收集明显能够收集调取的无罪、罪轻证据的，应当依法提出纠正意见，涉嫌失职渎职的，应当依法移送相关线索。

（五）曾某甲等人故意伤害纠正遗漏同案犯罪嫌疑人侦查监督案（检例第217号）

2020年2月5日，广东省惠州市人民检察院以曾某甲、曾某乙构成故意伤害罪，向惠州市中级人民法院提起公诉。同年11月24日，惠州市中级人民法院判决曾某甲、曾某乙犯故意伤害罪，分别判处死刑缓期二年执行、有期徒刑十四年。曾某甲、曾某乙二人提出上诉。广东省人民检察院收到广东省高级人民法院移送的案卷后，经审查案件材料、听取上诉理由，发现一审案件可能遗漏同案犯罪嫌疑人。在案证据证明“阿俊”提供了作案工具、直接实施了伤害行为，应作为曾某甲、曾某乙故意伤害案同案犯追究刑事责任，而在案有曾某乙的书面举报等线索，能够帮助查明“阿俊”身份，但侦查阶段未对其有效开展侦查、抓捕工作，至审查起诉、一审判决中均认定“阿俊”为“在逃”“另案处理”。而且，公安机关对部分需要证人证言、被害人陈述证明的事实未以法定证据予以证明，而是简单以情况说明代替，不符合法定证据形式和取证要求。

针对一审阶段遗漏同案犯问题，广东省人民检察院对曾某乙举报线索开展了调查核实。经提讯，曾某乙称虽不知“阿俊”真实姓名，但知道“阿俊”姓秦，籍贯贵州，从惠州监狱获释不久；同时，其在逃期间，还曾与“阿俊”胞弟秦某兵联系，并存有手机号码，有查明“阿俊”真实身份、抓捕到案可能。2021年4月21日，广东省人民检察院将二审阶段发现的“阿俊”身份信息线索和其他证据材料移送公安机关，并建议公安机关及时查明“阿俊”真实身份、抓捕归案。同年5月17日，公安机关经曾某乙辨认后，将秦某某（阿俊）抓捕归案。秦某某归案后，辩称作案工具并非其提供且未实施伤害行为，与曾某乙等人的供证存在明显矛盾。为查清案件事实，广东省人民检察院持续跟踪案件侦办情况，并派员就侦查取证提出意见。一是督促公安机关围绕涉案人员预谋商议、矛盾激化、斗殴过程以及作案工具来源、砍伤细节等方面补充完善被告人供述、被害人陈述。二是督促公安机关补充完善现场勘验、死因鉴定等方面客观性、技术性证据。

针对公安机关以出具情况说明方式，简单替代应当以讯问笔录、询问笔录等法定形式收集、固定证据的问题，广东省人民检察院对公安机关提出规范取证意见。按照检察机关意见，公安机关对一审卷宗中40余份情况说明所涉及的案件事实进行了重新侦查、取证，依照法定程序收集、固定、转化为符合庭审要求的合法证据。

该案例的指导意义在于：检察机关办理二审案件，应当持续履行对侦查活动的监督职责。检察机关的监督职责贯穿侦查、批捕、起诉、一审、二审等刑事诉讼全过程。办理二审案件，也要增强侦查监督意识、履行侦查监督职责，依法监督纠正侦查违法。发现遗漏罪行或者同案犯罪嫌疑人的，应依法建议公安机关侦查并提出侦查取证意见。

对公安机关适用“另案处理”的情形，检察机关应当进行实质性审查。发现“另案处理”的在逃犯罪嫌疑人线索的，应及时移送并督促公安机关抓获犯罪嫌疑人，查清犯罪事实。案件处于审查起诉阶段的，应当要求公安机关补充侦查或者补充移送起诉；二审阶段发现的，应当建议公安机关侦查。发现适用“另案处理”存在违法或者不当的，应当向公安机关提出书面纠正意见。发现属于犯罪嫌疑人长期在逃或者久侦不结的，可以适时发函催办。

对公安机关出具的情况说明内容，检察机关应当进行审查。发现公安机关以情况说明代替法定证据，用于证明案件事实的，应当督促公安机关依法定程序、以法定形式重新收集、固定；通过出具情况说明的方式怠于行使侦查职责的，应当依法提出监督纠正意见。对案件发生后、诉讼活动中形成的事实、材料，在案件审查办理中确有必要进行说明的，例如，取证合法性、发破案经过、到案经过、抓获经过、退赃退赔情况等，可以使用情况说明。

（来源：《人民检察》2024 年第 21 期）

准确把握刑事追诉标准　发挥不捕不诉及复议复核制度的价值功能

——最高人民检察院第五十二批指导性案例解读*

苗生明**　周惠永***　纪丙学****

党的二十大报告指出，规范司法权力运行，健全公安机关、检察机关、审判机关、司法行政机关各司其职、相互配合、相互制约的体制机制。刑事诉讼法也规定了公检法机关分工负责、互相配合、互相制约的原则。为切实落实刑事诉讼法规定的原则和要求，准确理解和适用法

* 该批案例收录于《刑事法律文件解读》（总第 230 辑），人民法院出版社 2024 年版，第 76—94 页。

** 最高人民检察院检察委员会副部级专职委员、二级大检察官。

*** 最高人民检察院普通犯罪检察厅副厅长、二级高级检察官。

**** 最高人民检察院第一检察厅办公室主任、一级高级检察官助理。

律，依法严格区分罪与非罪、违法与犯罪的界限，维护司法公正，2024年4月23日，最高人民检察院以不批捕不起诉复议复核及刑事追诉标准为主题发布了第五十二批指导性案例。为准确理解和适用该批指导性案例，现对案例发布的背景、意义和主要内容进行解读。

一、发布第五十二批指导性案例的背景和意义

刑事诉讼法规定，检察机关认为公安机关提请批准逮捕、移送审查起诉的案件不符合逮捕、起诉条件和标准的，应当作出不批捕、不起诉决定，公安机关认为不批捕、不起诉决定有错误的，可以提出复议、提请复核。检察机关经过复议复核审查，认为不批捕、不起诉决定错误的，应当予以纠正。这是刑事诉讼法基本原则的具体体现。检察机关通过对复议复核案件的审查，有利于发挥内部监督、层级监督作用，纠正错误的不批捕、不起诉决定。

从实践情况看，公安机关就不批捕、不起诉决定提出复议复核的案件量不多，检察机关复议复核纠正的案件比例也较低。出现上述情况，除了不批捕、不起诉案件质量总体较高外，还有其他原因，如认识不到位，有的检察机关认为公安机关提出复议复核是对不批捕、不起诉的负面评价，有的上级检察机关对复议复核案件能维持就维持；有的对罪名的理解和适用把握不准，只关注刑法分则具体犯罪的规定，而忽视刑法总则的指引与约束，特别是容易忽视对犯罪行为的严重社会危害性和应受刑罚惩罚性的综合审查与评价，以致模糊了罪与非罪、违法与犯罪的界限，降低了构罪“门槛”；有的办理不批捕、不起诉、复议复核案件简单进行形式化审查，该听取意见不听取，该复核证据不复核；有的沟通说理不够，案件办理中和作出不批捕、不起诉决定前，缺少与公安机关有效沟通。上述因素导致不批捕不起诉复议复核制度未能有效发挥其价值功能。

基于此，最高人民检察院选编了该批指导性案例。一是引导检察官

树立正确的司法理念，正确认识复议复核制度的诉讼机理与核心要义。公安机关对不批捕、不起诉决定提出复议复核，是公安机关与检察机关相互制约的体现，也是检察机关内部监督、上级对下级开展层级监督的体现。应摒弃传统理念和认识误区，充分发挥复议复核程序防错纠偏、统一司法标准的作用，确保检察权正确行使。二是坚持严格依法，高质效办理复议复核案件。对复议复核案件应进行实质审查，必要时开展调查核实工作。加强与公安机关沟通说理，针对复议复核的理由、依据逐项说理，必要时当面沟通，促进形成共识。坚持法治原则，严格依法办案，对认为正确的不批捕、不起诉决定要依法维持；对认为错误的，要依法予以纠正。三是强调准确把握犯罪的基本特征，对不具有严重社会危害性和应受刑罚惩罚性的行为，依法作出不批捕、不起诉决定。正确适用不起诉的种类，充分认识法定不起诉的法治意义和人权保障意义。强化适用刑法总则但书条款的意识，树立刑罚不惩罚没有严重社会危害性行为的理念。

二、第五十二批指导性案例的主要内容

（一）朱某涉嫌盗窃不批捕复议复核案（检例第209号）

2021年7月4日至6日，朱某先后三次将谢某在某单位门口种植的16盆多肉植物拿回家中。7月7日14时许，谢某发现多肉植物被盗后报警。当日19时40分许，朱某到案发地再次盗窃时，被保安发现并要求登记身份信息，其提供虚假信息后离开现场。7月15日，民警通过视频监控锁定朱某并前往其住处附近寻找，邻居将该情况告知朱某后，朱某下楼向民警如实交代盗窃事实，并将所盗物品交还谢某。经鉴定，朱某盗窃的多肉植物价值98元。

公安机关以朱某涉嫌盗窃罪提请批准逮捕。检察机关审查认为，朱某在不同时间段内三次盗窃，应当认定为多次盗窃。但其盗窃对象价值

微小，只有 98 元，案发后主动归还被盗财物，属于情节显著轻微危害不大，根据刑法第十三条的规定，不认为是犯罪，对其作出不批捕决定。公安机关认为朱某多次盗窃，符合刑法关于盗窃罪的规定，以情节显著轻微危害不大作出不批捕决定错误，且容易模糊违法与犯罪的界限，向检察机关提出复议。检察机关另行指派检察官办理后以同样理由维持原不批捕决定。公安机关不服复议决定，向上级检察机关提请复核。上级检察机关通过全面阅卷、核实证据，听取公安机关、下级检察机关及朱某的意见后认为，刑法规定“多次盗窃”意在惩处惯犯惯偷，朱某的行为系偶尔贪图小利，被盗的多肉植物价值仅为 98 元，且朱某在案发后主动归还被盗的多肉植物，没有造成被害人的经济损失。朱某的行为属于情节显著轻微危害不大，不认为是犯罪，维持了不批捕复议决定。

刑法第二百六十四条盗窃罪中规定了“多次盗窃”。司法解释规定，二年内盗窃三次以上的，应当认定为“多次盗窃”。实践中，有的执法司法机关机械适用这一规定，将符合该规定的行为一概定罪处罚，多次引发社会关注。如刘某某偷菜相对不起诉案，就引发虽然属于多次盗窃但价值只有 46.5 元，应当作相对不起诉还是法定不起诉的争论；还有疫情期间一位老人到超市盗窃食品、到药店盗窃药品五次，价值约五六百元，后被起诉到法院并被判刑等。这些案件暴露出对“多次盗窃”应当如何理解适用的问题。

该案例对如何准确把握“多次盗窃”的刑事追诉标准具有重要指导意义。该案例明确提出，在审查认定犯罪时应当依法准确把握行为是否具有严重社会危害性这一本质特征。应准确区分罪与非罪、违法与犯罪的界限，善于从纷繁复杂的法律事实中准确把握实质法律关系，善于从具体法律条文中深刻领悟法治精神，善于在法理情的有机统一中实现公平正义。1997 年刑法修订将“多次盗窃”规定为盗窃罪的基本犯，不以数额作为认定构成犯罪的条件，强调对多次盗窃体现出的行为人主观恶性的刑法评价。在理解把握“多次盗窃”的规定时，应坚持实质解释，不能简单地认为只要“多次盗窃”就一律作为犯罪惩处。一方面，应遵循“多次盗窃”与“数额较大、入户盗窃、携带凶器盗窃、扒窃”具有相当的危害性程度；另一方面，应把刑法分则与总则结合起来理解，根据刑法第十三条的规定，进一步审查其行为的社会危害性程度和是否应予刑罚处罚。对实施“多次盗窃”的，可以结合行为人实施盗窃的动机、目的、时间、地点、手段、对象、数额等情节综合判断是否认定为盗窃罪。例如，具有以破坏性手段多次盗窃的，以盗窃为业的，曾因盗窃受过刑事处罚或者行政处罚又多次盗窃的，多次盗窃残疾人、孤寡老人财物等情形的，应当以盗窃罪依法追诉。对虽然多次盗窃，但行为人属于贪图小利、顺手牵羊，盗窃少量财物、价值较小的，应当认定为情节显著轻微危害不大，不认为是犯罪。

办理复议复核案件应当开展实质审查。对复议案件，检察机关应当另行指派检察官办理，注重听取公安机关的意见，审查、复核证据，加强沟通说理，必要时可以组织听证。对经复议复核维持原不批捕决定的，检察机关向公安机关送达复议复核决定时应当说明理由，不能一纸文书送达了事。检察机关以情节显著轻微危害不大、不认为是犯罪为由作出不批捕决定的，如果行为人的行为属于违法行为，应当依法予以治安处罚的，可以提出建议，由公安机关予以治安处罚。

（二）杨某涉嫌虚假诉讼不批捕复议案（检例第210号）

2018年3月8日，杨某经中间人介绍，与贺某等四名农户就购买6.3万株柑橘苗事宜协商一致。后由公司员工钟某以个人名义与上述农户分别签订协议。其中，对违约责任约定“如有违约，违约方应向守约方支付违约金（按照每株柑橘苗5元的标准计算）”。3月9日，杨某安排钟某通过公司账户使用公司资金，向上述农户支付预付款6.3万元。后因中间人死亡，其原承诺的由农户负责办理检验检疫手续迟迟未果，直至2018年6月30日履约期满，该协议仍未实际履行，柑橘苗未移挖。因柑橘苗市场价格持续下降，且公司资金短缺，2020年初，杨某向贺某等提出退还预付款6.3万元。在多次协商未果后，杨某将原协议甲方由“钟某”改为“四川资阳某生态旅游开发有限公司”，增加“植物检疫证书”为交付标准，伪造“如不能出具植物检疫证书，有权解除协议”以及“已收取的定金、柑橘苗款、其他任何款项应全额返还”等内容，于2020年9月23日向四川省简阳市人民法院起诉，请求判令“解除原协议”“返还购苗款6.3万元及资金占有利息”“支付违约金2.52万元”。法院两次组织开庭审理。庭审中，杨某未实际主张违约金问题。后因贺某等农户向法庭提交了原始协议，致使杨某篡改协议的行为被发现。法院认为，杨某可能涉嫌虚假诉讼犯罪，遂将线索移送简阳市公安局。

公安机关以杨某涉嫌虚假诉讼罪立案侦查，并向检察机关提请批准逮捕。检察机关审查认为，公司与农户之间存在真实的民事法律关系和民事纠纷，虽然杨某客观上实施了伪造协议履约人等行为，但主观上是为了能够有权起诉，并非无中生有提起虚假诉讼侵害他人合法权益。因此，杨某的行为不符合刑法第三百零七条之一“以捏造的事实提起民事诉讼”的规定，不构成虚假诉讼罪，依法对杨某作出不批捕决定。公安机关认为杨某篡改民事合同主体，导致民事法律关系主体发生变化，并致使法院两次开庭审理，妨害正常司法秩序，涉嫌虚假诉讼罪，检察机关作出不批捕决定有错误，向检察机关提出复议。检察机关另行指派检察官办理，通过调阅原案卷宗、讯问犯罪嫌疑人、询问关键证人，对证据全面审查核实后，维持原不批捕决定。在办理复议案件过程中，检察机关主动与公安机关座谈加强沟通。公安机关对复议决定表示认可，未再提请复核。虽然没有追究杨某的刑事责任，但其行为毕竟妨害了司法秩序，检察机关向法院提出依法给予杨某司法处罚的检察建议。法院对杨某作出罚款二万元的司法处罚决定。

实践中，一定程度上存在当事人篡改证据提起民事诉讼的现象，但是否作为犯罪惩处，还须把握行为人是否属于“捏造民事法律关系、虚构民事纠纷”这一关键问题。虚假诉讼罪的本质特征在于，行为人与他人之间不存在民事法律关系和民事纠纷，无中生有捏造民事法律关系和民事纠纷并提起民事诉讼。在判断是否属于无中生有捏造民事法律关系和民事纠纷时，应当坚持实质判断。行为人与他人之间实际上存在民事法律关系和民事纠纷，为了达到胜诉目的，篡改了部分证据，但并没有从实质上改变原民事法律关系和民事纠纷的，不认定为虚假诉讼罪。当然，构成其他违法犯罪的，按照有关规定追究法律责任。

检察机关办理审查逮捕案件，经审查认为不构成犯罪的，应当依法作出不批捕决定。办理公安机关要求复议的案件时，应注重听取公安机关的意见，充分阐明案件事实、不批捕及复议决定的理由和法律依据，促进形成共识。在办案中还应当强化综合履职，对虽然不构成犯罪，但虚假诉讼行为侵害了其他民事主体的合法权益，妨害了司法公信、司法秩序，破坏了正常民事诉讼秩序需要给予司法处罚的，应当依法及时将线索移送法院，并提出检察建议。

（三）王某掩饰、隐瞒犯罪所得不批捕复议复核案（检例第211号）

2021年4月至5月，在工地从事水电工作的徐某，先后24次盗窃工地内脚手架扣件，分29次卖给经营废品收购站的王某。王某明知脚手架扣件来路不明，仍低价收购并付给徐某1.97万余元。被害人发现工地脚手架扣件丢失后报警。2021年5月15日，王某被抓获，徐某接民警电话通知到案。公安机关查扣被盗脚手架扣件1201个，已发还被害人。经价格认定，被盗脚手架扣件总价值3.24万元。后徐某退缴赃款。

公安机关立案侦查后，以徐某涉嫌盗窃罪，王某涉嫌掩饰、隐瞒犯罪所得罪向检察机关提请批准逮捕。检察机关审查认为，徐某实施盗窃犯罪，数额较大，依法可能判处有期徒刑以上刑罚，不逮捕可能实施新的犯罪，具有社会危险性；但王某的行为不符合《最高人民法院关于审理掩饰、隐瞒犯罪所得、犯罪所得收益刑事案件适用法律若干问题的解释》（以下简称《解释》）第一条第一款规定的四种情形，在该条第二款“人民法院审理掩饰、隐瞒犯罪所得、犯罪所得收益刑事案件，应综合考虑上游犯罪的性质、掩饰、隐瞒犯罪所得及其收益的情节、后果及社会危害程度等，依法定罪处罚”的规定没有明确、具体标准的情况下，无法认定王某的行为构成掩饰、隐瞒犯罪所得罪，对徐某作出批准逮捕决定，以王某不构成犯罪作出不批捕决定。公安机关提出复议，认为王某明知徐某向其出售的脚手架扣件来路不明，仍 29 次予以收购，符合《解释》第三条第一款第二项“情节严重”的规定，“掩饰、隐瞒犯罪所得及其产生的收益十次以上”，根据刑法第三百一十二条的规定，应处三年以上七年以下有期徒刑，检察机关以不符合入罪标准作出不构成犯罪不批捕的决定不当，应当批准逮捕。检察机关另行指派检察官审查，审查后以同样理由决定维持原不批捕决定。公安机关提请上级检察机关复核。上级检察机关复核认为，王某的行为虽然不符合《解释》第 1 条第 1 款规定的四种情形，但应当根据该条第二款的规定综合考量是否构成犯罪。该案中，作为上游盗窃犯罪的徐某，盗窃价值 3. 24 万元的财物，犯罪事实已查明并被批准逮捕，下游的王某长期从事废品收购，以低价收购，且很多脚手架扣件都是整包的，可以认定其明知是犯罪所得，为获取非法利益连续多次低价收购，数额远超修改前《解释》规定的 3000 元至 1 万元以上的数额标准，已涉嫌构成掩饰、隐瞒犯罪所得罪。考虑王某归案后如实供述犯罪事实、自愿认罪认罚、愿意退赃，在综合评判其社会危险性后，检察机关作出无社会危险性不批捕的复核决定，并指导下级检察机关提起公诉。检察机关审查认为，王某已涉嫌构成掩饰、隐瞒犯罪所得罪，但不属于“情节严重”的情形。

对“情节严重”的认定，不能单纯从形式上判断，王某基于掩饰、隐瞒的概括故意，在较短时间内对同一被害单位的同一类被盗物品多次收购，不宜机械地认定为“情节严重”。检察机关以徐某涉嫌盗窃罪，王某涉嫌掩饰、隐瞒犯罪所得罪提起公诉。法院以盗窃罪判处徐某有期徒刑一年六个月，并处罚金一万八千元；以掩饰、隐瞒犯罪所得罪判处王某有期徒刑七个月，并处罚金八千元。二被告人均未上诉，判决已生效。

刑法第三百一十二条规定了掩饰、隐瞒犯罪所得、犯罪所得收益罪。《解释》曾规定了定罪处罚的数额标准，即掩饰、隐瞒犯罪所得及其产生的收益价值3000元至1万元以上。为适应复杂的实践情况，2021年4月，《解释》进行了修正，删除了掩饰、隐瞒犯罪所得罪定罪处罚的数额标准，同时增加了第一条的第二款。删除定罪处罚的数额标准后，如果行为人不具有《解释》第一条第一款所列的四种情形如何处理，以及如何理解把握第一条第二款的规定，实践中出现了困惑。

作为下游犯罪，掩饰、隐瞒犯罪所得、犯罪所得收益罪的成立，要求行为人主观上具有明知，即明知是犯罪所得及其产生的收益。对“明知”的认定，是司法实践的难点和重点，尤其是行为人辩解不明知的案件。该案例明确提出，认定“明知”时，应当结合行为人的职业性质、认知能力、赃物形态、收购价格、所获收益等综合判断。该案中，徐某卖给王某的脚手架扣件很多都是整包的，而王某长期从事废品收购，以低价购买这些脚手架扣件并转卖牟利，可以认定其“明知是犯罪所得”。在《解释》取消了掩饰、隐瞒犯罪所得案件定罪处罚的数额标准后，办案时应当根据具体情节、后果、社会危害程度，以及上游犯罪的性质、危害后果等全面审查，决定是否追诉。在认定“情节严重”时，也不能简单地以收赃次数作为判断标准，应当结合行为人的故意内容、收赃次数、赃物价值、持续时间、犯罪对象、危害后果，以及上下游犯罪的量刑均衡等综合判断。尤其在该案中，徐某构成盗窃罪，属于数额较大，依法应判处三年以下有期徒刑，王某收购赃物29次，如果机械地按照“次数”认定，王某的情节就属于“情节严重”，依法应判处三年以上七年以下有期徒刑，如此就会导致上下游犯罪的罪刑倒挂、罪刑不均衡。

虽然对于该案，上级检察机关复核决定仍是不批准逮捕，但这是基于王某没有社会危险性作出的不批捕决定，改变了下级检察机关错误的不构成犯罪的不批捕决定。上级检察机关办理复核案件，对不批捕及复议决定有错误的，要依法予以纠正。对公安机关提请复核的案件，检察机关应当全面审查不批捕决定认定事实、适用法律是否正确，处理是否适当，是否违反法定程序，文书使用是否准确，法条援引有无错漏，释法说理是否充分，复议是否提出新事实、新证据等。对公安机关提请复核理由正确的，依法予以采纳，纠正下级检察机关的不当决定。

（四）茅某组织卖淫不起诉复议复核案（检例第212号）

茅某出资经营某浴场，并负责实际管理。自2012年12月开始，茅某明知王某（因犯组织卖淫罪被判刑）等人招募、雇用卖淫人员卖淫，仍将浴场一楼包厢区租赁给王某等人，与王某等人约定嫖资分配比例，并管理卖淫场所。其间，王某等人负责管理卖淫人员，浴场负责统一收取嫖资，并按照约定比例先提取浴场获利，再将剩余嫖资转付给王某等人。经营期间，该浴场因卖淫嫖娼先后两次被公安机关罚款。2013年5月30日，浙江省天台县公安局从该浴场内当场查获卖淫人员6人。经查，该卖淫场所卖淫记录992次，共计非法获利30余万元，其中，茅某分得约10万元。

公安机关侦查认为茅某涉嫌容留卖淫罪，向检察机关提请批准逮捕。检察机关审查认为，证明茅某主观明知的证据不足，作出不批捕决定，并提出补充侦查意见。公安机关以茅某涉嫌容留卖淫罪移送检察机关审查起诉。检察机关经两次退回补充侦查后认为，证明茅某犯罪的证据仍不足，作出存疑不起诉决定。公安机关提出复议，检察机关以同样理由维持原不起诉决定。公安机关向上级检察机关提请复核。上级检察机关指派分管副检察长办理，审查了原案卷宗和已判决同案犯的卷宗，核实了案件关键证据，听取了公安机关和下级检察机关的意见。经审查认为，综合全案事实、证据，可以认定茅某明知王某等人在浴场内组织卖淫活动而为其提供场所，同时茅某还负责对卖淫资金进行管理、结算等，已涉嫌组织卖淫罪。原案在办理中对罪名适用把握不准、对证明标准把握不当，错误作出存疑不起诉决定，撤销原不起诉决定。检察机关以茅某涉嫌组织卖淫罪提起公诉。法院以茅某犯组织卖淫罪判处其有期徒刑五年三个月，并处罚金二十万元。宣判后，茅某未上诉，判决已生效。

刑法第三百五十八条、第三百五十九条规定了组织卖淫罪、容留卖淫罪。实践中，对场所经营者辩称不知道场所内有卖淫嫖娼行为的，如何综合全案证据予以认定，以及场所经营者除提供场所外，还有其他行为时，如何适用组织卖淫罪、容留卖淫罪的规定还存在一定的疑问。该案例对证明标准的把握、罪名适用，以及上级检察机关复核纠正具有重要指导意义。当涉案场所内正规项目与卖淫行为并存时，对场所经营者辩称不知场所内有卖淫活动的，检察机关认定其是否具有主观明知时，应当审查在案证据证明方向是否一致、证据间是否相互印证，并结合场所经营者的职务、职权、有无规避检查以及场所是否曾因卖淫嫖娼受过处罚等因素，运用逻辑规则和经验法则分析行为人的辩解是否符合常理，综合全案证据予以判定。该案中，茅某作为浴场的实际经营者，包括卖淫在内的浴场各项事务都由其管理、控制，结合浴场经营期间因卖淫嫖娼被行政处罚的事实，即使茅某不认罪，综合全案事实、证据，也可以认定茅某明知王某等人在浴场内组织卖淫活动而为其提供场所。需要注意的是，组织卖淫罪与容留卖淫罪的客观方面可能都有容留卖淫的行为，但容留卖淫罪的要件限于提供场所，如果场所经营者明知他人租赁其场所并以招募、雇用等手段管理或者控制他人卖淫，仍为其提供场所，并约定、管理嫖资分配比例，管理卖淫场所、人员和卖淫收入，应当认定为组织卖淫罪。该案中，茅某除提供租赁场所外，还负责卖淫资金管理、结算，卖淫场所和卖淫人员的管理等，已涉嫌组织卖淫罪。上级检察机关通过复核依法纠正了下级检察机关错误的不起诉决定，充分发挥了复议复核的程序价值和功能。

不批捕不起诉复议复核及刑事追诉标准指导性案例充分体现了最高人民检察院党组高质效办好每一个案件的要求，是各级检察机关办好复议复核案件、准确把握有关案件刑事追诉标准的重要参考。下一步，一是组织检察机关学习该批指导性案例，深入落实刑事诉讼法的规定和要求，充分发挥不批捕不起诉复议复核制度的作用。二是加强指导，有针对性地对不批捕不起诉复议复核案件进行专题分析，研究提出指导意见。尤其对适用不起诉种类不当的，建立案件质量通报制度。三是加强规范化建设，研究制定审查逮捕、审查起诉质量标准，对实践中社会反映强烈的非法捕捞水产品罪、非法狩猎罪等研究刑事处罚标准问题，科学划定“犯罪圈”。四是加强与公安机关沟通，用好同堂培训、联席会议、情况通报制度等，完善工作机制、形成工作合力，努力让人民群众在每一个司法案件中感受到公平正义。

（来源：《人民检察》2024 年第 10 期）

指导性案例 188 号《史某振等组织领导参加黑社会性质组织案》* 的理解与参照

——如何保障涉黑案件案外人诉讼权利

为了正确理解和准确参照适用第 188 号指导性案例，现对该指导性案例的选编过程、裁判要点、参照适用等有关情况予以解释、论证和说明。

一、案例选编过程

史某振等组织领导参加黑社会性质组织案由河南省高级人民法院作为备选指导性案例向最高人民法院报送，经最高人民法院刑三庭推荐。2021 年 12 月 2 日，最高人民法院研究室召开专业会议对该案例进行了讨论。2022 年 9 月 6 日，经最高人民法院第 437 次刑事审判专业委员会会议讨论，同意作为指导性案例。2022 年 11 月 29 日，最高人民法院以法〔2022〕236 号文件将该案例编入第 33 批指导性案例予以发布。

* 该案例收录于《刑事法律文件解读》（总第 209 辑），人民法院出版社 2023 年版，第 23—35 页。

二、本案例的相关情况

（一）基本案情

被告人史某振2007年12月即开始进行违法犯罪活动，2014年6月至2018年1月，史某振等人先后实施组织、领导、参加黑社会性质组织、开设赌场、非法拘禁、聚众斗殴、寻衅滋事、妨害公务等多起违法犯罪行为。公安机关在侦查阶段查扣史某振前妻王某某名下房产一套、王某某出售其名下路虎车款60万元，扣押王某某工商银行卡一张，冻结存款2221元。河南省修武县人民检察院提起公诉后，王某某就扣押财物性质提出异议，认为其系上述财物合法所有人，并向法院提供了相关证据。因扣押的房产、卖车款数额较大，查清其权属对于准确认定涉案财产属性具有较大意义，且王某某就涉案财产属性提供了相关证据，为准确查明财产权属，一审期间，合议庭通知王某某出庭，就争议财产权属情况参与法庭调查和法庭辩论。

法院经审理查明，被告人史某振与王某某于2012年9月结婚。2013年7月，王某某在河南省焦作市购置房产一处，现由王某某及其父母、女儿居住；2014年2月，史某振、王某某以王某某名义购买路虎越野车一辆；另扣押王某某工商银行卡一张，冻结存款2221元。2014年12月，史某振与王某某协议离婚，案涉房产、路虎越野车归王某某所有。路虎越野车已被王某某处分，得款60万元，现已查扣在案。

后经法院审理认定，购置路虎越野车的费用及该银行卡中剩余钱款均属于违法所得，故已查扣的卖车款60万元及银行卡中剩余钱款予以没收。

（二）指导价值

刑事诉讼法及相关司法解释规定，在刑事案件审理过程中，应当对查封、扣押、冻结财物及其孳息的权属进行调查，案外人对查封、扣押、冻结财物及其孳息提出权属异议的，人民法院应当听取其意见，确有必要的，人民法院可以通知其出庭，以查清相关财物权属。该指导性案例确认的裁判规则符合法律规定和刑事诉讼法的基本原理，对于在扫黑除恶常态化背景下准确查明涉案财产权属具有一定指导价值和积极意义，是对法律和司法解释规定的具体化，对于今后审理相关案件具有启示意义。

三、裁判要点的理解与说明

该指导性案例的裁判要点确认：在涉黑社会性质组织犯罪案件审理中，应当对查封、扣押、冻结财物及其孳息的权属进行调查，案外人对查封、扣押、冻结财物及其孳息提出权属异议的，人民法院应当听取其意见，确有必要的，人民法院可以通知其出庭，以查明相关财物权属。

现围绕与该裁判要点相关的问题逐一解释和说明如下。

（一）在涉黑社会性质组织犯罪案件审理中，对涉案财产权属应当进行充分调查

随着经济社会发展，特别是电信诈骗、集资诈骗等涉众型刑事案件和有组织犯罪案件逐年增加，刑事案件中涉及的财产权属及利益关系日趋复杂，越来越多的刑事案件在审理过程中出现了案外人对查封、扣押、冻结的财物及其孳息提出权属异议的情况。财产权本质上是一种实体性权利，但要保障实体性权利的正当行使，就必须赋予权利人相应的诉讼权利，即保障其程序参与权。所谓程序参与权，是程序的利益关涉者为实质性地参与到与自己利益相关的程序行为中而享有的各项诉讼权利。参与权设置的目的是让与案件本身有利害关系的主体能够自主地参与诉讼程序，发表意见、陈述观点并使自己的参与意见能对裁判结果产生富有意义的影响。为保障案外人的程序参与权，《中共中央办公厅、

国务院办公厅关于进一步规范刑事诉讼涉案财物处置工作的意见》（以下简称《涉案财物处置意见》）第十二条专门作出规定："善意第三人等案外人与涉案财物处理存在利害关系的，公安机关、国家安全机关、人民检察院应当告知其相关诉讼权利，人民法院应当通知其参加诉讼并听取其意见。"2021年修订的《最高人民法院关于适用〈中华人民共和国刑事诉讼法〉的解释》将上述规定进一步细化，第二百七十九条第二款规定："案外人对查封、扣押、冻结的财物及其孳息提出权属异议的，人民法院应当听取案外人的意见；必要时，可以通知案外人出庭。"

从上述规定可以看出，案外人行使程序参与权的途径包括提出意见和参与庭审。提出意见的权利贯穿刑事诉讼全过程，在侦查、审查起诉和案件审理环节均可提出，无论案外人在哪个环节提出关于涉案财产权属的意见，办理机关均应听取。而参与庭审的权利只能在审判阶段行使，且须法院经过必要性审查后才能作出判断。本案中，案外人王某某对公安机关扣押的一处房产和60万元售车款的财产归属提出异议且提供了相应证据，合议庭认为有必要通知其参加庭审。一审庭审中，法庭为王某某在辩护人席旁边安排位置，允许其参与庭审，就涉及争议财产权属部分参与了法庭调查、法庭辩论，并发表了最后意见。虽然法院经审理最终并未支持其关于财产权属的主张，但其程序参与权得到了充分保障。

（二）在涉黑社会性质组织犯罪案件审理中，案外人对涉案财产权属提出异议的，只有在必要时才通知其参加庭审

对案外人参加庭审的必要情形，司法解释并未作出具体规定。应当说，参与庭审是案外人行使诉讼权利的最完整形态，允许案外人出庭，使其能够在法庭上充分表达自己的观点和主张，并就相关证据进行举证质证，与其他各诉讼参与方展开辩论，不仅有助于查清财产属性，保障案外人的财产权益，也有助于化解社会矛盾。但对于电信诈骗、集资诈

骗等涉众型犯罪或有组织犯罪案件，可能存在案外人人数众多的情形，一律通知到庭在实践中不具有可操作性。[①] 从审理有组织犯罪的实践情况看，对“必要时”的理解可以结合以下几个方面确定。

1. 争议财产是否系重大财产或本案关键性财产

本案中，存在权属争议的房屋和车辆系整个案件涉案财产中价值最大的两项，查明其财产属性具有重要意义。相反，对于争议财产数额不大，对于认定犯罪没有重要意义的财产，案外人提出权属异议的，不必然通知其参加庭审。

2. 财产权属争议是否必须在刑事诉讼中解决

随着近年来有组织犯罪的公司化趋势增强，涉案财产中因合同等民事行为导致的财产权属争议屡见不鲜，此类财产权属争议往往需要通过专门民事诉讼程序予以确认，如不属于前项所述重大财产或关键性财产的，案外人可通过另行提起民事诉讼等方式确定财产权属。本案中，产生涉案财产权属争议的直接原因是双方离婚时的财产分割，并非复杂民事法律关系，可以在刑事诉讼程序中一并解决，无须另行提起民事诉讼。

3. 案外人提交的证据是否符合证明财产权属的证据标准

对于案外人提出权属异议但并未提供相关证据，或虽提供相关证据但明显证明力较弱不足以证明财产权属的，即使案外人参与庭审，也难以进行有效的举证质证和答辩，因此不属于可以参加庭审的必要情形。本案中，王某某提供的证实涉案财物权属的证据包括购买凭证、证人证言、离婚协议等，从形式上看，其提供的证据足以证明争议财产权属。

4. 案外人出庭是否会导致庭审的过分拖延

诚如前述，司法解释对案外人出庭设置了必要性条件，主要原因就

① 参见李少平主编：《最高人民法院关于适用〈中华人民共和国刑事诉讼法〉的解释理解与适用》，人民法院出版社2021年版，第349页。

是防止刑事案件庭审过分拖延。如果提出权属争议的案外人较多，且均提供相应证据，建议通过另行提起民事诉讼的方式解决。如果权属较为清晰，案外人不出庭不影响财产属性认定，也可以在案件审理过程中通过询问案外人、通知其参加庭前会议、组织庭前证据交换等方式充分听取案外人意见。

四、参照适用时需要注意的问题

有组织犯罪案件的审理应当充分保障案外人的程序参与权，案外人参与诉讼程序的方式包括提交书面意见、接受询问并发表意见、参加庭前会议、就所提交证据进行庭前证据交换、参加庭审等，参加庭审并非保障案外人程序参与权的唯一途径。在法院认为并非必要的情形下，通过其他方式听取案外人意见，同样可以实现对案外人程序权利和合法利益的保护。

（执笔人：河南省高级人民法院　张　琦
编审人：最高人民法院刑三庭　周　川
最高人民法院案例指导工作办公室　马蓓蓓）

指导性案例187号《吴某等敲诈勒索、抢劫、故意伤害案》* 的理解与参照

——如何准确区分恶势力犯罪集团和普通犯罪集团

为了正确理解和准确参照适用第187号指导案例，现对该指导案例的选编过程、裁判要点、参照适用等有关情况予以解释、论证和说明。

一、案例选编过程

吴某等敲诈勒索、抢劫、故意伤害案，由江苏省高级人民法院作为备选指导案例向最高人民法院报送，经最高人民法院刑三庭推荐。2021年12月2日，最高人民法院研究室召开专业会议对该案例进行了讨论。2022年9月6日，经最高人民法院第437次刑事审判专业委员会会议讨论，同意作为指导性案例。2022年11月29日，最高人民法院以法〔2022〕236号文件将该案例编入第33批指导性案例予以发布。

* 该案例收录于《刑事法律文件解读》（总第209辑），人民法院出版社2023年版，第23—35页。

二、本案例的相关情况

（一）基本案情

2017年2月初，被告人吴某、季某廷为牟取不法利益，与被告人曹某共同商定，通过约熟人吃饭时劝酒，诱使被害人酒后驾驶机动车，而后再制造交通事故，以被害人系酒后驾驶机动车欲报警相要挟，索要他人钱财。后被告人曹某怡、李某明知被告人吴某等欲实施上述违法犯罪活动而积极加入，并在被告人吴某、季某廷的组织、安排下，逐步形成相对稳定、分工明确的犯罪团伙，开始实施敲诈勒索犯罪。在实施违法犯罪的过程中，为了增加人手，被告人吴某又通过被告人邵某麒将季某某、徐某某（均系未成年人，另案处理）带入敲诈勒索犯罪团伙。

2017年2月底至3月初，季某某、徐某某随被告人吴某共同居住于江苏省南通市通州高新技术产业开发区的租住地，并由吴某负责二人的起居、生活及日常开销。在短时间内，快速形成了以吴某为首的犯罪集团，其中吴某为该犯罪集团的首要分子，被告人季某廷及季某某、徐某某为该犯罪集团的骨干成员，被告人曹某怡、李某、邵某麒等为该集团的主要成员，被告人季某文、曹某强、姜某东、曹某以及应某某（未成年人，另案处理）、邱某某（另案处理）为该犯罪集团的积极参加者。其间，吴某纠集季某廷、曹某怡、李某、邵某麒、曹某以及季某某、徐某某等人，以威胁、恐吓等手段，先后五次实施敲诈勒索的犯罪行为。后吴某发现赌场内的流动资金较多，且参与赌博人员害怕被处理一般不敢报警，遂又纠集季某文、曹某强、姜某东及季某某、徐某某、应某某等人持气手枪、管制刀具、电棍等，采用暴力手段实施抢劫。

2017年12月，南通市通州区人民检察院以被告人吴某等犯抢劫罪、敲诈勒索罪，向南通市通州区人民法院提起公诉。审理中，公诉机关追加起诉吴某犯故意伤害罪，同时追加认定本案是以吴某为首带有恶势力性质的犯罪集团犯罪。

（二）裁判结果

南通市通州区人民法院经审理后认为，被告人吴某、季某廷、曹某怡、李某、邵某麒、季某文、姜某东、曹某强、曹某等与另案处理的季某某、徐某某、应某某等为共同实施犯罪而组成了较为固定的犯罪组织，其间该犯罪组织采取暴力、威胁等手段，在一定区域内多次实施敲诈勒索、抢劫等犯罪活动，且在实施犯罪过程中目的明确、分工明细，可认定为犯罪集团。本案中，吴某等人从聚集在一起开始作案，到最后实施持枪抢劫犯罪，时间较短，所实施的犯罪行为不符合恶势力犯罪集团的认定要求，故不能认定为恶势力犯罪集团，按普通犯罪集团对各被告人定罪量刑。南通市通州区人民法院于 2018 年 6 月 28 日作出（2017）苏 0612 刑初 830 号刑事判决，认定被告人吴某犯抢劫罪，判处有期徒刑十二年，剥夺政治权利二年，并处罚金四千元；犯敲诈勒索罪，判处有期徒刑二年，并处罚金一万元；犯故意伤害罪，判处有期徒刑十个月。决定执行有期徒刑十三年六个月，剥夺政治权利二年，并处罚金一万四千万元。对本案其他被告人亦判处了相应刑罚。

一审宣判后，被告人均未上诉，检察机关亦未抗诉，一审判决已发生法律效力。

（三）指导价值

黑恶势力属于有组织犯罪的典型类型，既要综合审查组织体特征，又要认真审查恶性特征。组织体特征主要包含组织成员、组织结构、目标导向、活动系统、外部联系、物质基础等内容；恶性特征主要包含手段的恶性、形象的恶性和结果的恶性。[①] 恶势力犯罪集团，除符合犯罪

① 参见周立波：《黑恶势力犯罪组织的本质特征及其界定》，载《法治研究》2019 年第 5 期。

集团法定条件的犯罪组织，还需要符合恶势力全部认定条件。就恶势力形成非法影响、谋求强势地位的意图而言，其表征于外的便是实施违法犯罪活动必然带有为非作恶、欺压百姓的特征。[①] 因此，普通犯罪集团与恶势力犯罪集团都具有一定的组织性、稳定性，实施犯罪活动都是为了牟取不法经济利益，也会造成一定的社会影响。但普通犯罪集团实施违法犯罪活动并不要求具有一定的公然性，犯罪手段也不一定具有较严重的强迫性、压制性。当公然性或者强迫性、压制性有所缺失时，为非作恶、欺压百姓这一恶性特征就缺乏支撑，造成较为恶劣的社会影响的意图也变得难以认定，因此，该区别在司法实践中是准确判定恶势力犯罪集团的重要标志。本案的裁判要点对于明确这一点具有十分重要的指导意义。

三、裁判要点的理解与说明

该指导案例的裁判要点确认：恶势力犯罪集团是符合犯罪集团法定条件的恶势力犯罪组织。恶势力犯罪集团应当具备为非作恶、欺压百姓特征，其行为造成较为恶劣的社会影响，因而实施违法犯罪活动必然具有一定的公然性，且手段应具有较严重的强迫性、压制性。实施犯罪活动如仅为牟取不法经济利益，缺乏造成较为恶劣社会影响的意图，在行为方式的公然性、犯罪手段的强迫压制程度等方面与恶势力犯罪集团存在区别，可按犯罪集团处理，但不应认定为恶势力犯罪集团。

现围绕与该裁判要点相关的问题逐一解释和说明如下：恶势力犯罪集团是一个随着司法实践不断深入而产生的概念，从恶势力犯罪到黑社会性质组织犯罪，在发展过程中一般都会存在中间发展阶段。开展扫黑除恶专项行动以来，为了不枉不纵，进一步理顺由“恶”到“黑”的

---

① 参见朱和庆、周川、李梦龙：《〈关于办理恶势力刑事案件若干问题的意见〉的理解与适用》，载《人民司法（应用）》2019年第19期。

演进过程，应充分运用刑法总则关于犯罪集团的规定实现依法从严惩处，防止此类犯罪组织继续发展扩大，形成新的黑社会性质组织。

扫黑除恶专项行动伊始，《最高人民法院、最高人民检察院、公安部办理黑社会性质组织犯罪案件座谈会纪要》（以下简称《会议纪要》）虽然提出“对符合犯罪集团特征的，要按照犯罪集团处理，以切实加大对‘恶势力’团伙依法惩处的力度”，但是并未直接界定恶势力犯罪集团。自开展扫黑除恶专项斗争后，《最高人民法院、最高人民检察院、公安部、司法部关于办理黑恶势力犯罪案件若干问题的指导意见》（以下简称《指导意见》）中，关于恶势力的规定有以下几点变化：一是危害性特征，增加了“欺压百姓”，将“尚未形成黑社会性质组织的犯罪团伙”中的“犯罪团伙”修改为“违法犯罪组织”；二是组织特征，将“纠集者、骨干成员相对固定”中的“骨干成员”去掉；三是行为特征，进一步进行了细化与扩张。对恶势力犯罪集团也进行了界定，即恶势力犯罪集团是符合犯罪集团法定条件的恶势力犯罪组织。随后，《最高人民法院、最高人民检察院、公安部、司法部关于办理恶势力刑事案件若干问题的意见》（以下简称《若干意见》）在《指导意见》的基础上对恶势力犯罪集团的界定作出了进一步明确：恶势力犯罪集团，是指符合恶势力全部认定条件，同时又符合犯罪集团法定条件的犯罪组织。从先后出台的相关意见来看，恶势力犯罪集团与普通犯罪集团的界定较为清晰，在司法实践中被认定除须符合犯罪集团法定条件外，还要符合恶势力的全部认定条件。通过对众多司法案例的分析，便可发现，由于犯罪集团是三人以上为共同实施犯罪而组成的较为固定的犯罪组织，其当然具备“一般为三人以上”“多次实施违法犯罪活动”等特征；同时，恶势力主要实施和伴随实施的违法犯罪活动许多又是多发性违法犯罪，普通犯罪集团亦常会涉及，二者或多或少存在一定的共性特征，在司法实务中还是存在一定困扰。所以，若简单地从人数、行为次数和罪名等形式特征来界定，极易造成恶势力犯罪集团认定的扩大化。

恶势力犯罪集团与普通犯罪集团如何准确区分？关键首先还是要在法律层面上准确界定恶势力犯罪集团与普通犯罪集团的区别。恶势力是黑社会性质组织的雏形，恶势力犯罪集团是恶势力与黑社会性质组织的中间形态、过渡阶段。对恶势力、恶势力犯罪集团不加以约束或打击，都有可能发展成为危害性极大的黑社会性质组织。《指导意见》和《若干意见》在对恶势力（恶势力犯罪集团）的界定中，使用“尚未形成黑社会性质组织的违法犯罪组织”这一表述，也是准确区分“恶”与“黑”，逐步演进的形态。恶势力犯罪集团在实施违法犯罪活动时一般都会不同程度地带有形成非法影响、谋求强势地位的意图，并在这一意图的支配下完成量的积累，随着时间的推移、经济基础的提升、犯罪事实的增加、社会影响的扩大，最终实现由“恶”到“黑”的真正蜕变。恶势力犯罪集团形成非法影响、谋求强势地位的意图在一定程度上可以看作黑社会性质组织争霸一方的基础或前提。同时，行为特征中明显存在为非作恶、欺压百姓；危害性特征中要形成非法控制或者重大影响，并且造成较为恶劣的社会影响。而普通犯罪集团则尚不具有前述“恶”与“黑”的演进关系，也不具备“恶”与“黑”的所有主客观特征，在打击方式上也不需要通过认定恶势力来增强否定性社会评价，提升惩治力度。

结合该指导性案例而言，被告人吴某等为共同实施敲诈勒索、抢劫等侵犯财产犯罪，在短时间内形成以吴某为首要分子、重要成员较为固定的犯罪组织，多次有预谋地实施敲诈勒索、抢劫等侵犯财产犯罪活动，造成严重社会危害，依法应当认定为犯罪集团。以吴某为首的犯罪集团是否同时具备恶势力的相关特征，进而认定为恶势力犯罪集团，需要相关的犯罪事实予以佐证。从本案查明的事实来看，吴某等人虽然在犯罪人数、构成犯罪的类型（根据《若干意见》的规定，敲诈勒索系恶势力主要实施的违法犯罪活动、抢劫系恶势力伴随实施的违法犯罪活动)、犯罪次数等形式特征上与恶势力犯罪集团相符，但其实施犯罪活动明显仅是为了牟取不法经济利益，缺乏形成非法影响、谋求强势地位的犯罪意图，也不具有为非作恶、欺压百姓的恶性特征。在本案主要的敲诈勒索犯罪中，吴某为首的一帮人犯罪手段就是约熟人吃饭，设局劝酒造成被害人酒后驾车，再“碰瓷”制造交通事故，利用被害人害怕报警被处理的心理，通过所谓的“协商”“私了”实现对他人财物的非法占有。从物色被害人到实现犯罪目的，吴某等人预备、实施犯罪的整个过程都是在较为隐蔽的情况下进行，极力避免被他人察觉而东窗事发。在唯一且临时起意的一起持枪抢劫犯罪中，吴某等人同样抱有刻意隐匿踪迹的心理及利用参赌人员害怕被处理的心理，持气手枪、砍刀等作案工具先后两次到赌博场所，第一次进入现场后又随即离开的原因之一是被对方陈某发现，产生了一定的恐惧心理，害怕对方报警。综上所述，吴某等人在单纯谋财意图的支配下实施敲诈勒索、抢劫犯罪，实际侵犯的法益都集中在公民财产权利方面，无论从手段的恶性、形象的恶性和结果的恶性多角度评价，为非作恶、欺压百姓的特征都不十分明显，都与典型的恶势力犯罪集团存在明显差异。故以吴某为首的一帮人实施违法犯罪活动的特征仅具有恶势力犯罪集团的组织特征，未明显具备为非作恶、欺压百姓的恶性特征，犯罪行为也未造成较为恶劣的社会影响，且不具有一定的公然性，故法院最终未采纳公诉机关认定为恶势力犯罪集团的指控，按普通犯罪集团对各被告人进行定罪量刑。

四、参照适用时应注意的问题

恶势力犯罪集团是扫黑除恶专项斗争中为了防止从恶势力犯罪直接升格为黑社会性质组织犯罪，反映二者区别的一个演变过程。准确认定恶势力犯罪集团，在扫黑除恶专项斗争中是为了“打早”“打小”，既防止扫黑除恶工作不力，又防止涉黑恶打击扩大化。

恶势力犯罪集团与普通犯罪集团的组织特征基本相同或近似，关键是犯罪集团在实施犯罪时，是否存在恶势力表现的恶性。一是行为方式的恶性，即采取暴力实施多起违法犯罪活动，具有一定的公然性；二是外在形象的恶性，即通过多次实施，在一定领域给他人形成能让人感知具有为非作恶、欺压百姓的恶形；三是犯罪后果的恶性，即实施危害行为的结果是对一定领域造成较为恶劣的社会影响，较为严重地破坏经济和社会生活秩序。是否具备恶性，是准确区分恶势力犯罪集团和普通犯罪集团的重要标志。

（执笔人：江苏省南通市通州区人民法院　李振男　杨　通

编审人：最高人民法院刑三庭　周　川

最高人民法院案例指导工作办公室　马蓓蓓）

指导性案例 186 号《龚某文等组织、领导、参加黑社会性质组织案》* 的理解与参照

——以“软暴力”为主要行为特征的黑社会性质组织认定标准

为了正确理解和准确参照适用第 186 号指导性案例，现对该指导性案例的选编过程、裁判要点、参照适用等有关情况予以解释、论证和说明。

* 该案例收录于《刑事法律文件解读》（总第 209 辑），人民法院出版社 2023 年版，第 23—35 页。

一、案例选编过程

龚某文等组织、领导、参加黑社会性质组织案由江苏省高级人民法院作为备选指导性案例向最高人民法院报送，经最高人民法院刑三庭推荐。2021 年 12 月 2 日，最高人民法院研究室召开专业会议对该案例进行了讨论。2022 年 9 月 6 日，经最高人民法院第 437 次刑事审判专业委员会会议讨论，同意作为指导性案例。2022 年 11 月 29 日，最高人民法院以法〔2022〕236 号文件将该案例编入第 33 批指导性案例予以发布。

二、本案例的相关情况

（一）基本案情

2013 年以来，被告人龚某文、刘某涛在江苏省常熟市从事开设赌场、高利放贷活动，并主动结识社会闲杂人员，逐渐积累经济实力。2014 年 7 月起，被告人龚某文、刘某涛组织被告人马某波、赵某、王某东、王某运、陈某雷等人，形成了以被告人龚某文、刘某涛为首的较为稳定的犯罪组织，并于 2015 年 4 月实施了首次有组织犯罪。2016 年下半年、2017 年 8 月，梁某志、崔某华先后加入该组织。

该组织人数众多，组织者、领导者明确，骨干成员固定。被告人龚某文为该组织的组织者、领导者，被告人刘某涛为该组织的领导者，被告人马某波、赵某、王某东、王某运、陈某雷等人为积极参加者，被告人崔某华、梁某志等人为一般成员。该组织内部分工明确，龚某文、刘某涛负责决策和指挥整个组织的运转；被告人马某波、赵某、王某东、王某运、陈某雷受被告人龚某文、刘某涛的指派开设赌场牟取利益，并在赌场内抽取“庄风款”、“放水”、记账，按照被告人龚某文、刘某涛的指派为讨债而实施非法拘禁、寻衅滋事、敲诈勒索、强迫交易等违法犯罪行为，崔某华、梁某志参与寻衅滋事违法犯罪行为。该组织为规避侦查，强化管理，维护自身利益，逐步形成了“红钱按比例分配”“放贷本息如实上报，不得做手脚”等不成文规约，对成员的行动进行约束。在借款时使用同伙名义，资金出借时留下痕迹，讨债时规避法律。建立奖惩制度，讨债积极者予以奖励，讨债不积极者予以训斥。该组织通过有组织地实施开设赌场、高利放贷等违法手段聚敛资产，具有较强的经济实力。其中，该组织通过开设赌场非法获利的金额仅查实的就达300余万元。另外，在上述被告人处搜查到放贷借条金额高达4000余万元，资金流水上亿元。该组织将非法聚敛的财产用于支持违法犯罪活动，或为违法犯罪活动“善后”，如购买GPS等装备、赔付因讨债而砸坏的物品，以及支付被刑事拘留后聘请律师的费用。该组织为维护其非法利益，以暴力、威胁等手段，有组织地实施了开设赌场、寻衅滋事、非法拘禁、强迫交易、敲诈勒索等违法犯罪活动，并长期实施多种“软暴力”行为，为非作恶，欺压、残害群众，严重破坏社会治安，妨害社会管理秩序，在常熟市及周边地区造成了恶劣的社会影响。该黑社会性质组织在形成、发展过程中，为寻求建立稳定犯罪组织，牟取高额非法利益而实施大量违法犯罪活动。主要犯罪事实如下。

1. 开设赌场罪

2015年4月至2018年2月，被告人龚某文、刘某涛、马某波、王某东、赵某、王某运、陈某雷多次伙同他人在常熟市海虞镇、辛庄镇等地开设赌场，仅查明的非法获利就达300余万元。

2. 寻衅滋事罪

2014年至2018年，被告人龚某文、刘某涛伙同其他被告人，在常熟市原虞山镇、梅李镇、辛庄镇等多地，发放年息84%—360%的高利贷，并为索要所谓“利息”，有组织地对被害人及其亲属采取拦截、辱骂、言语威胁、砸玻璃、在被害人住所喷漆、拉横幅等方式进行滋事，共计56起120余次。

3. 非法拘禁罪

2015年至2016年，被告人龚某文、刘某涛、马某波、王某东、赵某、王某运、陈某雷在常熟市等多地，为索要高利贷等目的非法拘禁他人10起，其中对部分被害人实施辱骂、泼水、打砸物品等行为。

4. 强迫交易罪

(1) 2013年3月，被告人龚某文向胡某某发放高利贷，张某某担保。为索要高利贷本金及利息，在非法拘禁被害人后，被告人龚某文强迫被害人张某某到王某某家提供家政服务长达一年有余，被告人龚某文从中非法获利25500元。

(2) 2014年11月，被告人刘某涛、王某东向陈某某发放高利贷，陶某某担保。在多次进行滋事后，被告人王某东、刘某涛强迫被害人陶某某于2017年4月至2018年1月到被告人住处提供约定价值6000余元的家政服务共计80余次。

5. 敲诈勒索罪

2017年8月31日至2018年1月21日，被告人刘某涛、王某东、王某运、陈某雷实施敲诈勒索3起，以签订车辆抵押合同、安装GPS的方式，与被害人签订高出实际出借资金的借条并制造相应的资金走账流水，通过拖走车辆等方式对被害人进行要挟，并非法获利合计5.83万元。

（二）裁判结果

常熟市人民法院一审判决，认定被告人龚某文犯组织、领导黑社会性质组织罪，与其构成的开设赌场罪、寻衅滋事罪、非法拘禁罪等数罪并罚，决定执行有期徒刑二十年，剥夺政治权利二年，并处没收个人全部财产，罚金十二万元；认定被告人刘某涛犯领导黑社会性质组织罪，与其构成的开设赌场罪、寻衅滋事罪、非法拘禁罪等数罪并罚，决定执行有期徒刑十八年，剥夺政治权利二年，并处没收个人全部财产，罚金十一万元；对其他参加黑社会性质组织的成员亦判处了相应刑罚。

一审宣判后，龚某文、刘某涛等人提出上诉。江苏省苏州市中级人民法院二审裁定驳回上诉，维持原判。

（三）指导价值

刑法第二百九十四条第五款第三项规定，黑社会性质的组织应具备以暴力、威胁或者其他手段，有组织地多次进行违法犯罪活动，为非作恶，欺压、残害群众的行为特征。2009 年《最高人民法院、最高人民检察院、公安部办理黑社会性质组织犯罪案件座谈会纪要》（以下简称 2009 年《会议纪要》）及 2015 年《最高人民法院全国部分法院审理黑社会性质组织犯罪案件工作座谈会纪要》（以下简称 2015 年《会议纪要》）更加强调黑社会性质组织行为的“硬暴力”特征，指出暴力或以暴力相威胁始终是黑社会性质组织实施违法犯罪活动的基本手段。在上述两份《会议纪要》中，“软暴力”尚未作为独立称谓出现。究其原因，黑社会性质组织以欺压、残害群众为内在评判标准，这是其在行为方式、侵害客体、危害后果上区别于其他犯罪组织的显著特征。“硬暴力”因其行为方式的极端性和危害后果的严重性，往往更加容易达到欺压、残害群众的程度，而对暴力威胁外的其他手段，往往被作为兜底规定来理解。对“软暴力”具体有哪些表现形式、需要达到什么强度才满足黑社会性质组织的行为特征等问题，缺乏司法研究和实践经验。

近年来，黑社会性质组织犯罪的形态特征出现了新的变化，以“硬暴力”为主要行为手段的黑社会性质组织行为特征认定标准调整范围过窄的问题日益凸显，特别是在以开设赌场、非法放贷为主要经济来源的犯罪组织中，以聚众造势、拉挂横幅、泼粪喷漆、摆放花圈、围堵呼喊等“软暴力”为主要手段的不法行为大量存在。这些“软暴力”行为游走在灰色地带，严重背离社会主义核心价值观，败坏社会风气，给受害人的人身财产安全和心理健康造成严重影响。因司法规制标准不够明确，以往公安司法机关对“软暴力”行为的处理办法不多，往往以批评教育为主，或者由当事双方通过民事诉讼途径解决，致使相关犯罪分子更加有恃无恐，气焰愈发嚣张。在刻意规避“硬暴力”，给司法机关打击处理造成困难的同时，“软暴力”的方式、手段日趋多样，行为后果日趋严重，某些“软暴力”行为给群众带来的心理恐慌和精神压制已丝毫不逊于传统“硬暴力”手段，严重降低群众的获得感、幸福感、安全感，亟须解决。

扫黑除恶专项斗争开展以来，面对新的形势任务，2018 年《最高人民法院、最高人民检察院、公安部、司法部关于办理黑恶势力犯罪案件若干问题的指导意见》（以下简称《指导意见》）明确指出：黑社会性质组织实施的违法犯罪活动包括非暴力性的违法犯罪活动……暴力、威胁色彩虽不明显，但实际是以组织的势力、影响和犯罪能力为依托，以暴力威胁的现实可能性为基础，足以使他人产生恐惧、恐慌进而形成心理强制或者足以影响、限制人身自由、危及人身财产安全或者影响正常生产、工作、生活的手段，属于刑法第二百九十四条第五款第三项中的“其他手段”。2019 年《最高人民法院、最高人民检察院、公安部、司法部关于办理实施“软暴力”的刑事案件若干问题的意见》（以下简称《办理“软暴力”案件意见》），首次将“软暴力”作为独立称谓写入规范性文件，并进一步明确“软暴力”手段属于黑社会性质组织行为特征及恶势力概念中的“其他手段”。上述规范性文件为实践中认识和处理此类问题提供了明确依据。

本案总结了黑社会性质组织实施“软暴力”的主要行为特征，在此基础上明确提出了“软暴力”涉黑的司法认定标准，即黑社会性质组织实施的“软暴力”一般应以“硬暴力”为依托，具有长期性、多样性、体现出明显的组织性特征并已经造成严重的实际危害后果，为实践中认定、处理以“软暴力”为主要行为方式的涉黑犯罪提供了指引，有利于统一“软暴力”涉黑案件的裁判标准和尺度，也为侦查机关办理此类案件提供了明确的侦办思路和证据收集方向。

三、裁判要点的理解与说明

该指导案例的裁判要点确认：犯罪组织以其势力、影响和暴力手段的现实可能性为依托，有组织地长期采用多种“软暴力”手段实施大量违法犯罪行为，同时辅之以“硬暴力”，“软暴力”有向“硬暴力”转化的现实可能性，足以使群众产生恐惧、恐慌进而形成心理强制，并已造成严重危害后果，严重破坏经济、社会生活秩序的，应认定该犯罪组织具有黑社会性质组织的行为特征。

现围绕与该裁判要点相关的问题逐一解释和说明如下。

（一）“软暴力”的强度是否达到足以使群众产生恐惧、恐慌进而形成心理强制，是把握实施“软暴力”的犯罪组织是否具备黑社会性质组织行为特征的核心判断标准

本案涉案犯罪组织在行为方式上主要以长期大量实施各种“软暴力”行为为鲜明特点。随着《指导意见》对非暴力性违法犯罪活动也可能符合黑社会性质组织行为特征的提示性强调，对“软暴力”涉黑的实践把握标准亟须厘清。笔者认为，作为黑社会性质组织的行为特征，对“软暴力”行为的强度要求也应与“硬暴力”一样，以客观上是否足以达到欺压、残害群众的程度为标准进行把握。要对欺压、残害群众这一客观表述进行司法证明，就要从对“欺压”“残害”的解释角度出发，对被害人主观上是否因违法犯罪行为产生恐惧、恐慌，并进而陷入心理受强制的境地进行论证。司法实践中，一般不会将一个违法犯罪手段暴力性不明显、尚未造成严重危害后果的犯罪组织认定为黑社会性质组织，因此，对违法犯罪活动强度的把握是实践中判断一个犯罪组织是否满足黑社会性质组织行为特征的重要考量内容。与此相对，对于以实施“软暴力”为主要行为手段的犯罪组织而言，其实施“软暴力”

的强度是否符合黑社会性质组织行为特征的要求，应以相关行为是否足以使群众产生与遭受“硬暴力”同质化的恐惧、恐慌，进而陷入精神和心理受到犯罪组织强制的境地为核心判断标准。

（二）黑社会性质组织实施的“软暴力”应具有长期性

与“硬暴力”给当事人直接带来肉体损害或疼痛不同，实施“软暴力”主要是给被害人施加精神折磨。该类行为违背文明、和谐、诚信、友善的社会主义核心价值观，其所造成的长期冲突、消极氛围给被害人带来的压抑情绪、持久烦恼，有时更甚于“硬暴力”所带来的痛苦。① 实践中，因遭受“软暴力”导致被害人妻离子散、有家难回的情况并不鲜见，更有甚者，造成被害人精神崩溃进而自杀、自残等严重后果也时有发生。由此可见，在施加心理压制的强度上，“软暴力”本身可以带来不逊于“硬暴力”的效果。但也要承认，“软暴力”的危害程度不及“硬暴力”，存在与“硬暴力”手段非等值性和非相当性的特点。② 因此，仅在短期内实施数量较少的“软暴力”行为，尚难以达到对被害人造成心理强制的程度，不符合黑社会性质组织欺压、残害群众的内在要求。实践中，造成极端危害后果的案例也多是在被害人长期遭受“软暴力”侵害后发生。因此，“软暴力”造成的精神折磨要达到精神压制的程度，应遵循由量变到质变的哲学逻辑，其危害要达到与“硬暴力”同质化的效果需要相当量的积累。

（三）黑社会性质组织实施的“软暴力”应具有多样性

一方面，由于“软暴力”本身的暴力、威胁色彩不够明显，手段

① 参见［意］贝卡里亚：《论犯罪与刑罚》，黄风译，中国法制出版社2002年版，第58—59页。

② 参见黄京平：《软暴力的刑事法律意涵和刑事政策调控——以滋扰性软暴力为基点的分析》，载《新疆师范大学学报（哲学社会科学版）》2019年第6期。

强度不及“硬暴力”，因此仅实施单一手段的“软暴力”行为，往往不足以对受害群众施加强烈的心理压制；另一方面，手段单一的“软暴力”行为不足以体现黑社会性质组织的犯罪能力，违法犯罪手段单一往往说明犯罪组织发展尚不成熟，势力尚未壮大，组织较为涣散，犯罪程度不强，尚不足以使受害群众产生足够强烈的心理恐惧，难以达到足以影响、限制人身自由、危及人身财产安全或者影响正常生产、工作、生活的暴力强度，不能满足成立黑社会性质组织所要求具备的行为特征。

（四）黑社会性质组织实施的“软暴力”应体现出明显的组织性特征

黑社会性质组织之所以能够严重危及人身财产安全或者影响正常生产、工作、生活，成为社会毒瘤，就在于其具有明显的组织性，呈现出组织成员相对固定，并有明确的组织和领导者等特点。[①] 这是黑社会性质组织犯罪区别于一般单一犯罪最显著的特点，也是组织、领导、参加黑社会性质组织行为本身就具备刑事可罚性的逻辑基础。一方面，组织性是黑社会性质组织具备较强犯罪能力的重要保障，如果相关“软暴力”行为无法体现出组织策划、团体协作、分工实施等组织性特征，表明相关“软暴力”行为具有一定的自发性、随意性。由于“软暴力”行为本身暴力强度不够，如果缺少组织痕迹，零散实施，则必然难成气候，无法达到与黑社会性质组织相称的危害强度。另一方面，行为的组织性也是黑社会性质组织能够通过违法犯罪活动给受害群众施加心理威慑的重要依靠，正是通过组织性的体现，使被害人认识到自身所面临的不法侵害不是来源于单纯的个人，而是来源于一个缜密的组织，才更加

---

① 参见曾粤兴、贾凌：《罪刑法定视野中的黑社会性质组织》，载《中国刑事法杂志》2011年第7期。

放大了心理恐惧。虽然面临的“软暴力”行为暴力特征不明显，但因为感知到行为的组织性，受害群众更加容易丧失与违法犯罪行为进行对抗的理性与信心，陷入心理受强制的境地。实践中，组织性一般可以从多人实施、统一着装、显露文身、特殊标识等特征加以判断，也包括其他各种以明示或者暗示方式足以使对方感知组织性的行为。

（五）黑社会性质组织实施的“软暴力”应有能够直接构成犯罪的行为，并已实际造成危害后果

由于危害性特征本身就是判断一个犯罪组织能否成立黑社会性质组织的重要方面，如果没有黑社会性质组织实施的欺压、残害群众的严重犯罪行为，根本就不可能认定为黑社会性质组织罪。[①] 因此，对以实施“软暴力”为主要行为特征的涉黑犯罪组织来说，必然要求其实施“软暴力”已经造成了足够严重的危害后果，否则难以树立恶名，形成非法权威，最终实现对某一行业领域形成非法控制或重大影响。对危害性特征的把握，主要包括以下几种情形：致使多名合法利益遭受犯罪或者严重违法活动侵害的群众不敢通过正当途径维护权益；对一定行业的生产经营形成垄断，或者对涉及一定行业的准入、经营、竞争等经济活动形成重要影响；致人重伤或致多人轻伤；通过违法犯罪活动敛财数额巨大；干扰、破坏正常生产经营造成重大损失；严重干扰、破坏党政机关和基层群众自治组织的工作秩序；等等。由于“软暴力”行为暴力特征本身不够明显，要评价“软暴力”是否已经造成严重危害后果，一般应按照实施“软暴力”行为已造成上述两种以上危害情形把握比较妥当。另外，为体现黑社会性质组织的犯罪能力和不法行为对群众造成心理威慑的强度，在“软暴力”行为中应有能够直接构成犯罪的部分，而不能全部都是仅构成单纯违法的行为。

---

① 参见陈兴良：《论黑社会性质组织的组织特征》，载《中国刑事法杂志》2020年第2期。

（六）黑社会性质组织实施的“软暴力”应有向“硬暴力”转化的现实可能性

黑社会性质组织是犯罪集团的高级形态，是层级架构最清晰、组织结构最稳固、行为意图最明确、共同利益最明显、犯罪能力最强大的犯罪组织，其违法犯罪行为不仅手段多样，而且危害程度较强。在黑社会性质组织的发展、存续过程中，其为谋求强势地位、形成非法影响，追求非法利益的最大化、确定性，实现对某一地区或特定行业领域的非法控制或重大影响，从而最终称霸一方，必然要以具有严重社会危害性的犯罪手段为依托。换言之，“硬暴力”始终是黑社会性质组织行为特征中最鲜明的表现方式。以实施“软暴力”为主要行为手段的黑社会性质组织，在行为方式上也要以“硬暴力”为依托，在“软暴力”不能实现其非法意图时，存在使用“硬暴力”的现实可能性，绝不排斥通过“硬暴力”实现其违法犯罪目的。[①] “软暴力”以“硬暴力”为依托，随时可能向“硬暴力”转化，包括但不限于以下表现形式：一是组织成员多人出场摆势，结伙实施“软暴力”行为，在非法意图不能得逞时，实际使用“硬暴力”；二是组织成员在实施“软暴力”的过程中以“硬暴力”相威胁，通过毁坏财物、显露凶器、身上疤痕等手段，宣扬或暗示犯罪组织曾经使用“硬暴力”的违法犯罪事例，表明其具备随时使用“硬暴力”的现实条件。司法实践中，一般应按照涉案犯罪组织存在实际使用“硬暴力”的事例为标准进行把握。

四、参照适用时应注意的问题

《指导意见》及《办理“软暴力”案件意见》对“软暴力”行为

---

① 参见卢建平：《软暴力犯罪的现象、特征与惩治对策》，载《中国刑事法杂志》2018年第3期。

作出的相关规定，是对以往司法经验的深刻总结，是在继承、吸收2009年《会议纪要》和2015年《会议纪要》既有规定的基础上进一步的细化、补充、完善，在指导思想和规范体系上一脉相承，司法实践中应一体适用。根据黑社会性质组织主观上应具有谋求树立恶名和非法权威的意图，客观上应对某一地区或特定行业领域形成非法控制或重大影响的评价要求，实施“软暴力”应具有一定的公开性，如当众围堵拦截、聚众强占、高音滋扰等。如果在行为过程中明显有意隐瞒身份、毁灭痕迹，无意扩大非法影响，不宜认定相关“软暴力”行为符合黑社会性质组织的行为特征。

（执笔人：江苏省苏州市中级人民法院　蔡绍刚　李秀康

编审人：最高人民法院刑三庭　周　川

最高人民法院案例指导工作办公室　马蓓蓓）

电信网络诈骗及其关联犯罪典型案例

（2025年2月24日最高人民法院发布）

电信网络诈骗犯罪持续多发高发，犯罪形势严峻复杂，呈现跨境化、链条化、暴力化新特点，衍生偷越国（边）境、非法拘禁等一系列犯罪活动，严重侵害人民群众生命财产安全。为充分发挥典型案例警示、教育、指引作用，最高人民法院于2025年2月24日公布了7件人民法院审结的电信网络诈骗及其关联犯罪典型案例，充分展现了人民法院坚持以人民为中心，坚决遏制此类犯罪多发高发态势的决心和举措。

党中央高度重视打击治理电信网络诈骗犯罪，习近平总书记多次作出重要指示批示，为打击治理工作指明了努力方向、提供了根本遵循。据介绍，人民法院坚决贯彻落实习近平总书记重要指示批示精神，充分发挥审判职能作用，依法严惩电信网络诈骗及其关联犯罪，严惩电信网络诈骗犯罪集团首要分子，严惩为境外电信网络诈骗犯罪集团组织人员偷越国（边）境的“蛇头”，严惩利用未成年人、在校学生实施电信网络诈骗犯罪人员，严惩再犯、惯犯，明确释放从重惩治的强烈信号，督促犯罪分子主动退赃退赔，最大限度为受骗群众挽回经济损失。

此次发布的被告人黄某等三人诈骗案和被告人余某诈骗、组织他人偷越国（边）境等案，四名被告人出境组建电信网络诈骗犯罪集团，均系首要分子，余某还组织众多人员出境实施犯罪，均被依法顶格判处无期徒刑；发布的杨某等三人诈骗案，被告人杨某曾因实施电信网络诈骗犯罪被判刑后又重操旧业，被依法严惩。

近年来，有的诈骗组织采用多种手段拉拢、引诱未成年人、在校学生作为实施犯罪的“工具人”，或者针对未成年人、在校学生实施诈骗，社会危害严重，人民群众反映强烈，必须依法严惩。此次发布的被告人肖某诚等二人诈骗案，被告人招募、利用未成年人实施电信网络诈骗犯罪，人民法院对相关被告人依法从重处罚，为未成年人健康成长提供有力司法保障。

在被告人申某涛等 15 人诈骗、组织他人偷越国（边）境等案中，人民法院加大工作力度，多措并举，促使申某涛积极退赃退赔，连同查扣在案的赃款及时发还被骗群众，挽回了已查实的被骗群众全部经济损失。

据了解，人民法院将坚持以习近平新时代中国特色社会主义思想为指导，深入贯彻习近平法治思想，全力推进打击治理电信网络诈骗及其关联犯罪工作，坚决遏制电信网络诈骗犯罪多发高发势头，维护人民群众生命财产安全和合法权益。

目　录

案例一　被告人黄某等三人诈骗案

——从严惩处跨境电信网络诈骗犯罪集团首要分子

一、基本案情

2020年初，被告人黄某、李某辉在柬埔寨王国西哈努克港市“财神国际”园区等处组建诈骗集团，组织、指挥多人对我国境内居民实施电信网络诈骗犯罪活动，8月，被告人周某刚加入该诈骗集团并担任总监。黄某、李某辉通过境外聊天软件幕后掌控诈骗集团，决定公司运营模式，并控制资金及相关账户等；周某刚现场管理具体诈骗事务；另有多名骨干成员（已被另案判刑）。该诈骗集团通过特定方式筛选出企业法定代表人等具有一定经济实力的女性，通过被害人手机号码批量添加网络社交平台好友，冒充“高富帅”依照预定话术与被害人网络聊天，骗取信任后推荐被害人下载由该集团控制的“金天利”等虚假投资或赌博网络平台，先通过后台操控让被害人小额获利提现，再不断引诱被害人充值，待被害人投入大额资金后，即关闭提现通道，拉黑被害人。该诈骗集团自2020年9月至2021年底骗取100余名被害人共计人民币1亿余元。

二、裁判结果

本案经上海市第一中级人民法院一审，上海市高级人民法院二审，现已发生法律效力。

法院认为，被告人黄某、李某辉、周某刚以非法占有为目的，伙同他人虚构事实、隐瞒真相，在境外通过电信网络骗取境内人员钱款，数额特别巨大，其行为均已构成诈骗罪。黄某、李某辉组建诈骗集团并决定运营模式、掌握资金账户；周某刚系现场最高层级人员，负责管理实施诈骗活动。三人在诈骗集团中起组织、策划、指挥作用，均系首要分子。三人在境外指挥、控制犯罪集团，利用电信网络骗取我国境内居民钱财，给众多被害人造成重大经济损失。综上所述，对被告人黄某、李某辉、周某刚均以诈骗罪判处无期徒刑，剥夺政治权利终身，并处没收个人全部财产。

三、典型意义

本案系境外诈骗犯罪集团链条化、流水线化、分工细致实施、常见高发的交友婚恋类网络诈骗（俗称“杀猪盘”）。不法分子针对特定类型人员量身定制骗局、实施精准“围猎”，先在社交平台上伪装成“完美情人”，以甜言蜜语等拉近关系，待被害人投入感情放松警惕后，谎称有稳赚不赔的投资机会骗钱，造成被害人感情和金钱双重受损。

被告人黄某等三人在境外组建有组织、有一定规模的诈骗犯罪集团，虚构有经济实力的成功人设诈骗女性被害人，犯罪情节恶劣，诈骗被害人巨额资金并流往境外，社会危害严重，人民法院认定三名被告人均系首要分子，依法判处重刑。本案警示社会公众，不要被虚拟世界的虚情假意蒙蔽双眼，防范甜言蜜语背后的无情陷阱。

案例二　被告人杨某等三人诈骗案

——从严惩处有电信网络诈骗犯罪前科又再次实施电信网络诈骗犯罪人员

一、基本案情

被告人杨某曾因参与实施“虚假期货理财”类电信网络诈骗被判刑。2023 年底，杨某又与被告人吁某、方某文商定利用购物平台实施网络“刷单”诈骗。方某文提供自己的银行卡及身份信息在购物网站上注册网站店铺，并办理电话卡注册网络社交平台账号添加刷单者，还将银行卡及移动支付账号密码提供给杨某使用。之后，杨某等人在网上低价购进箱包，在网站店铺标价 588 元出售，并在网络上发布刷单广告，许诺刷单者购买并收到箱包后发布好评文案，即可根据刷单者粉丝数量给予 150 元至 1000 元不等的好评稿费，且退还购买箱包的 588 元。在刷单者收到箱包并发布好评文案后，杨某等人以审核好评文案需要时间为由故意拖延，待刷单者购买订单自动确认收货，刷单者支付的 588 元自动划入杨某等人的账户，致使刷单者无法退货退款。从 2024 年 1 月中旬至 2 月初，杨某等人引诱刷单者下单 300 余单，共计诈骗 103 名被害人人民币 5 万余元。

二、裁判结果

本案经江西省新干县人民法院审理，现已发生法律效力。

法院认为，被告人杨某、吁某、方某文利用电信网络诈骗他人财物，数额巨大，其行为均已构成诈骗罪。三人共同实施诈骗犯罪，相互配合，地位、作用相当。三人到案后均坦白罪行，自愿认罚，方某文、吁某退回全部违法所得，已全额退赔给 103 名被害人，可酌情从轻处罚。杨某曾因电信网络诈骗犯罪被判刑，有犯罪前科，予以从重处罚。综上所述，以诈骗罪判处被告人杨某有期徒刑三年五个月，并处罚金人民币三万元；以诈骗罪判处被告人方某文有期徒刑三年一个月，并处罚金人民币二万元；以诈骗罪判处被告人吁某有期徒刑三年，并处罚金人民币二万元。

三、典型意义

本案系典型的网络“刷单”诈骗，欺骗性很强。惯常套路是不法分子打着“网络兼职”旗号，以给付佣金为诱饵，让受骗者垫资做任务，骗取预先支付的款项。被告人杨某曾因实施电信网络诈骗犯罪被判刑，本应深刻反省，积极改过自新，重新融入社会，但其不思悔改、重操旧业，继续实施电信网络诈骗犯罪，再次受到法律严惩。本案警示社会公众，所谓“刷单”赚钱，其实是骗子在赚你的钱，脚踏实地赚取合法薪酬才是正道。

案例三　被告人肖某诚等二人诈骗案

——从严惩处招募、利用未成年人实施电信网络诈骗犯罪人员

一、基本案情

2023 年 5 月，被告人肖某诚、洪某煌，向许某甲（11 岁）、杨某甲（13 岁）等人收购电话卡共计 4 张。之后，二人雇佣李某甲（15 岁）、徐某甲（16 岁），使用 8 部手机和 4 张电话卡，在福建省武夷山市多个宾馆房间内拨打诈骗电话。肖某诚等四人每次使用两部手机，一部通过使用网络社交软件语音通话联系上家，另一部按照上家要求拨打被害人的电话，通过两部手机开启免提功能，实现语音中转。在通话期间肖某诚等人知悉双方通话内容，明知在实施诈骗，按上家要求不出声，由上家对被害人实施诈骗。其间，部分电话卡因异常使用被通信运营商停机，但肖某诚等人仍继续收卡用于拨打电话。肖某诚等四人拨打诈骗电话 1524 条，其中造成五名被害人被骗共计人民币 47 余万元。肖某诚从上家处获取利益后，再给洪某煌等三人发放，肖某诚、洪某煌二人均获利 3000 余元。

二、裁判结果

本案经福建省武夷山市人民法院审理，现已发生法律效力。

法院认为，被告人肖某诚、洪某煌明知他人实施电信网络诈骗，仍向多名未成年人收购电话卡并组织两名未成年人共同拨打诈骗电话，其行为均已构成诈骗罪。虽然二人系从犯，到案后坦白罪行，但利用未成年人实施犯罪，予以从重处罚，以诈骗罪判处肖某诚有期徒刑五年六个月，并处罚金人民币五万元；以诈骗罪判处洪某煌有期徒刑四年六个月，并处罚金人民币二万元。

三、典型意义

本案系利诱、拉拢、招募未成年人参与实施电信网络诈骗犯罪的典型案例。宣称只需两部手机、不用说话就能躺着赚钱的“手机口”项目，让越来越多的人沦为“沉默的帮凶”，且“黑手”已伸向未成年人。

被告人肖某诚伙同被告人洪某煌配合不法分子实施诈骗，诱惑涉世未深、缺乏辨别是非能力的未成年人参与实施诈骗，先向低龄少年收购电话卡，又组织未成年人拨打诈骗电话，为不法分子实施诈骗提供帮助并分赃，犯罪情节恶劣，依法予以从严惩处。本案警示社会公众，切勿贪图轻松赚钱快，谨防沦为电诈“工具人”，并提醒未成年人监护人提高警惕，加强保护、引导和教育，切莫让孩子成为诈骗分子的“帮凶”。

案例四　被告人朱某民诈骗案

——依法惩处针对海外留学生实施的电信网络诈骗犯罪

一、基本案情

2018 年 11 月至 2019 年 5 月，被告人朱某民在澳大利亚使用多个网络社交媒体账号，在留学生网络社交媒体群内发布虚假的澳元、美元等外币兑换人民币信息，采用谎称已转账并制作、发送虚假的转账截图等手段骗取被害人信任，骗得19名被害人共计人民币60余万元。

二、裁判结果

本案经江苏省江阴市人民法院审理，现已发生法律效力。

法院认为，被告人朱某民以非法占有为目的，利用互联网发布虚假信息实施诈骗，数额特别巨大，其行为已构成诈骗罪。鉴于朱某民自愿认罪，退赔被害人全部损失，以诈骗罪判处朱某民有期徒刑十年，并处罚金人民币十万元。扣押在案的赃款发还各被害人。

三、典型意义

本案系不法分子在海外针对留学生实施虚假换汇类诈骗犯罪的典型案例。留学生独自一人出国求学，与国内家人存在时差、信息差，且社会阅历较少，缺乏处理突发事件的经验，近来针对留学生群体的诈骗花样百出，迷惑性强，电信网络诈骗威胁着留学生的财产安全和留学梦想。

人民法院依法惩处针对留学生群体实施的诈骗犯罪，助力守护留学之路更加平稳、美好。本案警示海外留学生，不要轻信网络社交平台添加的好友，更不要因侥幸心理或贪图便利而冒险，避免上当受骗。

案例五　被告人余某诈骗、组织他人偷越国（边）境等案

——从严惩处跨境电信网络诈骗犯罪、斩断其人力输送链条

一、基本案情

2018年下半年，被告人余某伙同他人在柬埔寨王国西哈努克港市

盛威园区成立巨星娱乐公司（又名永兴娱乐、永旺娱乐），逐步发展成为 300 余人参与的电信网络诈骗犯罪集团。该犯罪集团内设多部门，分工配合诱骗中国居民在集团控制的“巨星娱乐”等六个网络博彩平台充值、投注，采取后台操控输赢、限控提现等手段，非法占有充值、投注资金，实施跨境电信网络诈骗犯罪。余某负责该犯罪集团的日常事务、财务监管、人事管理等，并具体管理各博彩平台运营。2019 年底，该犯罪集团又搬至菲律宾马尼拉市，继续实施跨境电信网络诈骗犯罪。截至 2020 年 3 月 11 日余某离开诈骗园区，已查明 111 名被害人损失共计人民币 5987 余万元，已调取的涉案各博彩平台账户收入资金共计人民币 30 余亿元。多名老年人、未成年人、在校学生被骗，部分被害人受骗后离婚、产生轻生念头或精神失常。

2018 年下半年以来，被告人余某等人组织、领导的电信网络诈骗犯罪集团，通过网络发布高薪招募信息、奖励成员介绍新人等途径，采取统一安排行程、包购机票、代办签证、提供接机等方式，先后组织引诱 106 名中国居民虚构出境事由掩盖非法出境目的，骗取边防检查机关核准，乘坐飞机到柬埔寨、菲律宾，加入犯罪组织从事跨境电信网络诈骗犯罪。

二、裁判结果

本案经河南省南阳市中级人民法院审理，现已发生法律效力。

法院认为，被告人余某伙同他人以非法占有为目的，虚构事实、隐瞒真相，诈骗他人财物，数额特别巨大，其行为已构成诈骗罪；余某组织他人虚构事由出境从事跨境电信网络诈骗犯罪，组织人数众多，其行为已构成组织他人偷越国（边）境罪，依法应数罪并罚。余某伙同他人成立犯罪集团，系犯罪集团的首要分子，应按照集团所犯的全部罪行处罚；余某组织他人诈骗老年人、未成年人、在校学生，又系累犯，依法从重处罚。综上所述，对被告人余某以诈骗罪判处无期徒刑，以组织他人偷越国（边）境罪判处有期徒刑十三年，决定执行无期徒刑，剥夺政治权利终身，并处罚金。

三、典型意义

本案系网络博彩类诈骗，赌诈交织，危害极大。惯常套路是，不法分子搭建虚假平台操控结果诱导投注，以小利引诱加大投入，时机成熟时设置提现障碍导致受骗者血本无归。此类诈骗受骗者一般人数众多，且诈骗金额巨大，往往还导致一系列次生危害后果。

被告人余某在境外操纵虚假网络博彩平台，并组织多人出境实施犯罪，为诈骗集团输送人力，人民法院依法认定余某系犯罪集团首要分子，对其按照集团所犯的全部罪行数罪并罚；结合其累犯的法定从重情节和组织诈骗老年人、未成年人、在校学生等酌定从重情节，依法判处重刑并责令其退赔已查明的111名被害人经济损失，全力追赃挽损，最大限度剥夺其再犯能力。本案警示社会公众，网络博彩套路深，不要贪图非法利益，做骗子的“提款机”。

案例六　被告人刘某等三人诈骗、组织他人偷越国（边）境等案

——从严惩处组织、利诱人员赴境外实施电信网络诈骗的犯罪

一、基本案情

2020年4月，被告人刘某伙同他人偷越中缅边境到达缅甸联邦共和国邦康市，进入一诈骗团伙对中国境内居民实施“杀猪盘”诈骗，该团伙分为老板、总监、代理、组长、组员等层级。同年7月，刘某为了成为诈骗团伙代理（主要负责从国内拉人到诈骗团伙，指定组长，

管理诈骗小组)，偷渡潜回原籍四川省武胜县，以高收入利诱等欺骗方式邀约、组织武胜县境内的多名人员偷越中缅边境前往诈骗团伙实施诈骗。刘某本人多次偷越中缅边境，还与多人一起结伙偷越中缅边境前往诈骗窝点。同年 8 月，被告人祝某在刘某的邀约、组织下，偷越中缅边境，进入刘某所在的诈骗团伙，实施诈骗活动。其间，祝某采取利诱等方式，邀约、联系、安排多人采用偷渡的方式进入刘某做代理的诈骗团伙，在祝某所在诈骗小组实施诈骗。另有他人被邀约偷越中缅边境，进入刘某所在的诈骗团伙，实施诈骗活动。

二、裁判结果

本案经四川省武胜县人民法院审理，现已发生法律效力。

法院认为，被告人刘某、祝某等以非法占有为目的，参加境外诈骗犯罪团伙，针对境内居民实施电信网络诈骗，其行为均已构成诈骗罪。被告人刘某、祝某作为境外诈骗犯罪团伙的代理、成员，在诈骗团伙的指挥下，为团伙介绍、拉拢、引诱人员偷越国（边）境赴境外实施电信网络诈骗，其行为均已构成组织他人偷越国（边）境罪。被告人刘某违反国（边）境管理法规，多次偷越或多人结伙偷越国（边）境，其行为构成偷越国（边）境罪。刘某等人到案后坦白罪行并认罪认罚，但其多次组织他人偷越国（边）境，地位、作用重于祝某等人。综上所述，对刘某以诈骗罪、组织他人偷越国（边）境罪、偷越国（边）境罪数罪并罚，决定执行有期徒刑五年，并处罚金人民币三万元；对祝某以诈骗罪、组织他人偷越国（边）境罪数罪并罚，决定执行有期徒刑一年六个月，并处罚金人民币八千元。

三、典型意义

本案系以高薪诱惑“拉人头”的方式，有计划、有组织招募、拉拢、引诱人员偷渡出境实施电信网络诈骗犯罪的典型案例。被告人刘某、祝某跨境参与电信网络诈骗犯罪，还分别利用他人法律意识淡薄、想一夜暴富的心态，利诱并组织多人偷渡赴境外加入诈骗组织，将多名同乡带上了一条歧路，人民法院依法予以数罪并罚。本案警示社会公众，不要轻信高薪诱惑，参与境外诈骗必受惩处。

案例七　被告人申某涛等15人诈骗、组织他人偷越国（边）境等案

——全力追赃挽损，对积极退赔的被告人依法从宽处罚

一、基本案情

2018年以来，被告人申某涛通过网罗同乡，纠集社会闲杂人员等方式，逐渐形成以申某涛为首，被告人郭某拓、赵某儒、崔某波等为骨干成员，被告人王某亮、李某孩等为小组长，被告人靳某伟、董某、申某宁等为组员的跨境电信网络诈骗犯罪集团。申某涛采用和其他犯罪集团、团伙合作或自己犯罪集团单独犯罪的模式，在柬埔寨王国、老挝人民民主共和国等国实施跨境电信网络诈骗活动。该犯罪集团隐瞒出境实施违法犯罪的真实意图，通过以出境旅游等名义签证出境，采取“杀猪盘”方式对国内女性实施诈骗活动。犯罪集团成员先在婚恋网站上物色女性“谈恋爱”，再引诱女性在犯罪集团制作和控制的虚假博彩平台上投资，通过操控后台输赢进行诈骗。

被告人申某涛作为犯罪集团首要分子，以高薪为利诱，纠集多人通过虚构事实、隐瞒真相等方式掩盖非法目的，骗取出境边防检查机关核准出境从事“杀猪盘”电信网络诈骗活动，其中申某涛组织人员持护照出境至柬埔寨、老挝共计58人、200余次从事电信网络诈骗犯罪活动。

二、裁判结果

本案经河南省辉县市人民法院一审，河南省新乡市中级人民法院二审，现已发生法律效力。

一审法院认为，被告人申某涛等以非法占有为目的，以虚构事实、隐瞒真相方法诈骗他人财物，数额特别巨大，其行为已构成诈骗罪；申某涛等人组织他人偷越国（边）境，其行为又构成组织他人偷越国（边）境罪。依法应数罪并罚。申某涛系组织、领导犯罪集团的首要分子，应当按照集团所犯的全部罪行处罚。综上所述，对申某涛以诈骗罪、组织他人偷越国（边）境罪等数罪并罚，决定执行有期徒刑十九年，并处罚金人民币一百零三万元；对其他 14 名被告人判处十一年二个月至六个月不等有期徒刑，并处罚金。

二审期间，被告人申某涛认罪悔罪，自愿认罚，全额退赔近 500 万元。人民法院及时向已查实的被骗群众发还被骗钱款，挽回了被骗群众的经济损失。据此，二审法院对申某涛依法从宽处罚并改判，决定对其执行有期徒刑十六年，并处罚金人民币一百零三万元。

三、典型意义

跨境电信网络诈骗犯罪高发多发，严重侵害人民群众财产权益。人民法院坚持依法严惩犯罪和全力追赃挽损并重，在刑事审判全流程、各环节持续追赃，最大限度为受骗群众挽回经济损失。在坚持总体从严惩处同时，注重贯彻宽严相济刑事政策，区别对待，宽以济严，罚当其罪。被告人申某涛在境外组建电信网络诈骗犯罪集团，一审法院依法认定其为首要分子并科以重刑。鉴于申某涛能积极退赃，退赔被骗群众经济损失，体现了认罪、悔罪态度，二审法院充分体现政策，依法从宽，既严惩犯罪，又最大限度挽回了被骗群众的经济损失，实现了办案“三个效果”的有机统一。

最高人民法院

关于发布第 44 批指导性案例的通知（节录）*

2025 年 3 月 12 日　　法〔2025〕31 号

各省、自治区、直辖市高级人民法院，解放军军事法院，新疆维吾尔自治区高级人民法院生产建设兵团分院：

经最高人民法院审判委员会讨论决定，现将金某等组织卖淫案等三个案例（指导性案例 248—250 号），作为第 44 批指导性案例发布，供审判类似案件时参照。

指导性案例 248 号

金某等组织卖淫案

（最高人民法院审判委员会讨论通过　2025 年 3 月 12 日发布）

关键词　刑事　组织卖淫罪　立功　非法手段　立功线索　揭发他人犯罪行为

* 本批发布了三个指导性案例，其中指导性案例 248 号为刑事案例，指导性案例 249 号、250 号为民商事案例，本辑仅节录指导性案例 248 号。

裁判要点

1. 在取保候审期间，行为人为获得立功情节约购毒品并予以揭发的，属于通过非法手段获取立功线索，不应认定为有立功表现。

2. 对于被告人提出上诉的案件，原判认定立功等法定从宽处罚情节有误的，二审应当在裁判文书中写明一审判决存在的错误，但根据上诉不加刑原则，不得加重被告人的刑罚。

基本案情

2019 年 1 月至 3 月，被告人金某与臧某乐、郑某、戈某宇共同出资开设养生会所，组织 7 名卖淫人员从事卖淫活动。四被告人组织他人卖淫非法获利共计人民币 62 万余元（币种下同）。其中，金某分得 76485 元。案发后，金某主动投案，并退缴全部违法所得。

另查明，被告人金某于 2019 年 3 月至 2020 年 8 月因本案被取保候审。其间，为了能够被认定为立功从而得到从宽处罚，金某主动寻找立功线索，通过网络联系李某朋购买毒品。2019 年 12 月，金某为试探能否从李某朋处购得毒品，在福建省厦门市从李某朋处购买了 1. 18 克甲基苯丙胺（冰毒）。2020 年 1 月，金某为获得更大幅度从宽，向李某朋约购甲基苯丙胺 100 克，商定在厦门市进行交易。后金某赴厦门市，并向厦门市公安机关揭发该贩卖毒品犯罪行为。在商定的交易地点，公安机关根据金某提供的线索将携带 110. 61 克甲基苯丙胺的李某朋抓获。2021 年 11 月，李某朋因上述贩卖、运输甲基苯丙胺的行为被法院以贩卖、运输毒品罪判处有期徒刑十五年，剥夺政治权利三年，并处没收个人财产人民币五万元，相关裁判已发生法律效力。此外，金某还有协助司法机关抓捕另案犯罪嫌疑人的立功表现。

裁判结果

江苏省宿迁市宿城区人民法院于 2020 年 12 月 31 日作出（2019）苏 1302 刑初 895 号刑事判决，认定被告人臧某乐、金某、郑某、戈某宇的行为构成组织卖淫罪；同时，认定被告人金某有揭发他人犯罪行为，经查证属实，以及协助司法机关抓捕其他犯罪嫌疑人等立功表现。据此，以组织卖淫罪判处被告人金某有期徒刑三年六个月，并处罚金人民币三十六万元（对其他被告人的判项略）。

宣判后，被告人金某提出上诉，称其揭发的贩卖毒品的犯罪嫌疑人依法可能被判处无期徒刑，应当认定其有重大立功表现。江苏省宿迁市中级人民法院于2021年5月8日作出（2021）苏13刑终140号刑事判决，认为原判认定金某犯组织卖淫罪事实清楚，证据确实、充分；但金某在取保候审期间约购毒品并进行揭发的行为不构成立功，更不构成重大立功。原判认定金某的上述行为构成立功不当，但根据上诉不加刑原则，不应加重金某的刑罚。故维持对金某的定罪量刑。

裁判理由

本案的争议焦点有二：一是被告人金某在取保候审期间约购毒品并予以揭发的行为是否构成立功；二是一审认定立功有误，被告人提出上诉的，二审应当如何处理。

一、关于立功的认定

刑法第六十八条规定："犯罪分子有揭发他人犯罪行为，查证属实的，或者提供重要线索，从而得以侦破其他案件等立功表现的，可以从轻或者减轻处罚；有重大立功表现的，可以减轻或者免除处罚。"根据刑法规定，结合有关规范性文件，不应认定被告人金某有立功表现。具体而言：

其一，"揭发他人犯罪行为"应当是检举揭发他人实施的、本人没有参与的犯罪行为。向司法机关揭发本人参与的犯罪行为，属于"如实供述自己的罪行"。本案中，被告人金某主动向李某朋约购毒品，进而向公安机关揭发李某朋实施的贩卖、运输毒品犯罪行为，由于金某系毒品交易的下家，属于本人参与的犯罪行为，故不应当认定为"揭发他人犯罪行为"。

其二，通过非法手段获取的犯罪线索不应认定为有立功表现。实践中，犯罪分子为获得从宽处罚，有时会不择手段地以贿买、暴力、胁迫等非法手段获取他人犯罪线索。任何人都不应该从其违法行为中获利。若不问线索来源，将上述情形认定为立功，有违基本法理，会“催生”新的违法犯罪。正是因此，《最高人民法院关于处理自首和立功若干具体问题的意见》（法发〔2010〕60 号）根据刑法第六十八条的规定，进一步规范司法实践中对立功制度的运用，明确：“犯罪分子通过贿买、暴力、胁迫等非法手段，或者被羁押后与律师、亲友会见过程中违反监管规定，获取他人犯罪线索并‘检举揭发’的，不能认定为有立功表现。”本案中，被告人金某虽然帮助公安机关抓获了毒贩、缴获了毒品，但有关贩毒活动是在金某主动约购毒品的情况下发生的。金某获取犯罪线索的方式虽然不直接符合上述规定所明确例举的行为方式，但无疑具有非法性。如果将揭发自己主动参与、甚至引诱他人实施的犯罪行为认定为立功，无异于变相鼓励犯罪分子以人为“制造”犯罪的方式获取立功表现。从立功制度的精神出发，应当认为金某的行为属于以非法手段获取立功线索，不应认定立功。

二、关于一审认定立功有误的处理

本案还具有一定特殊之处：一审错误认定被告人金某约购毒品并予以揭发的行为构成一般立功，对其从宽处罚；宣判后，检察机关未抗诉，但金某以其上述行为构成重大立功、应当获得更大从宽为由提出上诉。

刑事诉讼法第二百三十六条第一款第二项规定：“原判决认定事实没有错误，但适用法律有错误，或者量刑不当的，应当改判。”据此，对本案一审判决认定被告人金某约购毒品并予以揭发的行为构成立功的错误，二审法院应当在裁判中指出并纠正。然而，刑事诉讼法第二百三十七条第一款规定：“第二审人民法院审理被告人或者他的法定代理人、辩护人、近亲属上诉的案件，不得加重被告人的刑罚……”据此，尽管本案一审判决认定金某的上述行为构成立功并对其从宽处罚存在错误，但根据上诉不加刑原则，不得对其加重刑罚，应当维持一审判决对金某的定罪量刑。虽然二审法院认定金某案涉揭发行为不构成立功，导致原判刑罚略轻，但因金某还有其他立功表现进而被从宽处罚，所判刑罚尚未达到畸轻的程度，故在二审裁判生效后亦无须启动审判监督程序予以改判。

相关法条

《中华人民共和国刑法》第68条、第358条第1款

《中华人民共和国刑事诉讼法》第71条第1款、第236条、第237条

最高人民检察院

关于印发最高人民检察院第五十五批指导性案例的通知

（2025年1月3日）

各省、自治区、直辖市人民检察院，解放军军事检察院，新疆生产建设兵团人民检察院：

经2024年9月13日最高人民检察院第十四届检察委员会第三十六次会议决定，现将“甲皮业有限公司、周某某等欺诈发行债券、马某出具证明文件重大失实案”等四件案例（检例第219—222号）作为第五十五批指导性案例（证券犯罪主题）发布，供参照适用。

甲皮业有限公司、周某某等欺诈发行债券　马某出具证明文件重大失实案

（检例第 219 号）

【关键词】

欺诈发行债券　中小企业私募债券　中介组织人员　出具证明文件重大失实　行业治理

【要旨】

办理欺诈发行债券犯罪案件，应当根据我国现行金融管理法律规定，准确把握刑法规定的“公司、企业债券”的范围。对于新出现的金融产品，符合公司法、《企业债券管理条例》规定的，可以认定为欺诈发行“公司、企业债券”。对于涉案中介组织人员，应当根据主客观相一致原则，依法认定欺诈发行证券罪共同犯罪、提供虚假证明文件罪或者出具证明文件重大失实罪。检察机关要重视从证券犯罪个案惩戒向金融风险防范延伸职能，以检察履职助推资本市场行业治理。

【基本案情】

被告单位江苏省宿迁市甲皮业有限公司。

被告人周某某，江苏省宿迁市甲皮业有限公司原法定代表人、控股股东、执行董事。

被告人林某某、叶某某，分别为江苏省宿迁市甲皮业有限公司原总经理兼财务总监、原财务经理。

被告人王某某，乙会计师事务所原合伙人。

被告人马某，丙会计师事务所有限公司北京分所原负责人。

2012 年下半年，经周某某决定，宿迁市甲皮业有限公司（以下简称甲公司）拟发行中小企业私募债券融资。甲公司委托王某某负责发债现场审计工作，王某某因所在的乙会计师事务所没有从事证券类审计业务的资质，遂与具有资质的丙会计师事务所有限公司北京分所（以下简称丙北京所）负责人马某联系，约定在王某某现场审计后由丙北京所审核并出具正式的审计报告。周某某指派公司总经理兼财务总监林某某、财务经理叶某某向王某某提供发债所需的财务资料。

王某某在现场审计时发现，甲公司的实际财务状况不符合发行债券的条件，遂提出可根据发债规模调整公司财务报表，增加营业收入和净利润。经周某某同意，林某某指使叶某某按照王某某的需要篡改财务数据、编制虚假的纳税申报表等财务资料，王某某则根据虚假财务资料制作了内容不实的现场审计底稿。为使现场审计底稿通过审核，叶某某根据林某某、王某某的要求，通过王某某介绍的平面设计师，采用电脑修图等手法伪造了财务凭证并加盖了甲公司公章。该现场审计底稿记载甲公司 2010 年、2011 年的营业收入共计 12.57 亿余元，净利润共计 1.2 亿余元，与实际经营状况相比，分别虚增营业收入 6.77 亿余元，净利润 1.04 亿余元。

马某作为发债审计报告的签字注册会计师，严重不负责任，未对王某某提供的内容不实的现场审计底稿和虚假财务凭证进行审核，即在审计报告上签名确认，并指使他人在审计报告上加盖未参与审计工作的其他注册会计师的印章，最终以丙北京所名义出具了内容严重失实的审计报告。王某某支付丙北京所费用 9 万元。

甲公司委托丁证券股份有限公司（以下简称丁证券公司）担任承销商。2012 年 12 月 26 日，丁证券公司根据丙北京所的审计报告及甲公司提供的 2012 年 1 月至 9 月的虚假财务数据出具了募集说明书。该募集说明书显示 2010 年 1 月至 2012 年 9 月，甲公司营业收入 17 亿余元、净利润 1.56 亿余元，与实际经营状况相比，分别虚增营业收入 10.57 亿余元、净利润 1.45 亿余元。周某某、林某某、叶某某分别以甲公司执行董事、总经理、财务经理的身份在募集说明书上签名确认。

2013 年 2 月 5 日，经深圳证券交易所备案，丁证券公司发行“甲公司非公开发行 2012 年中小企业私募债券”，共募集资金 1.5 亿元，由戊证券股份有限公司等七家公司认购。甲公司先后支付了三期利息共计 2100 余万元。2015 年 2 月 5 日，该私募债券到期，甲公司无力偿付本金和剩余利息，造成投资人重大经济损失。

【检察机关履职过程】

（一）审查逮捕

2017 年 11 月 10 日，上海市公安局以欺诈发行债券罪对犯罪嫌疑人林某某、叶某某提请上海市人民检察院第一分院批准逮捕。同年 11 月 17 日，检察机关决定对二人批准逮捕，并向公安机关提出继续侦查取证意见：一是甲公司法定代表人、控股股东、执行董事周某某有重大犯罪嫌疑，应查明其是否为欺诈发行债券的组织者；二是查明甲公司在发行债券过程中各类人员的分工行为，包括林某某、叶某某在发债过程中的实际履职情况；三是对会计师王某某、马某进行侦查，查明其是否涉嫌欺诈发行债券共同犯罪、提供虚假证明文件罪或者出具证明文件重大失实罪；四是进一步补充甲公司发行中小企业私募债券的文件等相关书证。

根据检察机关继续取证要求，上海市公安局于 2019 年 3 月 6 日对马某立案侦查。周某某涉嫌其他犯罪在逃，后被江苏公安机关抓获。2020 年 3 月 2 日，周某某因其他犯罪，被江苏省连云港市中级人民法院数罪并罚判处有期徒刑八年。同年 7 月 29 日，上海市公安局将周某某解回再侦。

（二）审查起诉

2018年1月17日、2019年5月7日、2020年9月21日，上海市公安局先后以甲公司、林某某、叶某某、王某某等涉嫌欺诈发行债券罪，马某涉嫌出具证明文件重大失实罪，周某某涉嫌欺诈发行债券罪向检察机关移送起诉。

关于王某某、马某两名中介组织人员行为的认定，检察机关审查认为，王某某与周某某等人共谋，利用专业知识参与甲公司从原始财务数据造假到审计报告造假的全过程，帮助甲公司在不符合条件的情况下发行债券，构成欺诈发行债券罪共同犯罪。马某虽然未共谋参与造假，但是违反会计师执业准则和丙北京所规定，随意出借审计资质，对王某某制作的审计报告未作审核即签名确认，属于严重不负责任，导致出具的审计报告严重失实，致使不具备发债条件的企业得以发行债券，造成投资人重大经济损失，构成出具证明文件重大失实罪。

2018年7月24日、2020年5月7日、2021年1月13日，上海市人民检察院第一分院先后以被告单位甲公司、被告人林某某、叶某某、王某某构成欺诈发行债券罪，被告人马某构成出具证明文件重大失实罪，被告人周某某构成欺诈发行债券罪向上海市第一中级人民法院提起公诉。

（三）指控与证明犯罪

2018年10月19日、2020年9月24日、2021年6月10日，上海市第一中级人民法院公开开庭审理本案。

庭审中，针对辩护人提出的中小企业私募债券不属于欺诈发行债券罪规定的债券种类、王某某可以免予刑事处罚等意见，公诉人答辩如下。

第一，关于欺诈发行债券罪。辩护人提出，本罪规定于1997年刑法，当时中国市场仅有向社会公众公开发行的公募债券。甲公司发行的系中小企业私募债券，产生于2012年，仅向合格投资者非公开发行，投资者数量较少，且专业程度和风险承受能力强于社会公众，不属于本罪规定的“公司、企业债券”。

公诉人认为，中小企业私募债券是欺诈发行债券罪规定的“公司、企业债券”。首先，甲公司发行的私募债券是上海证券交易所、深圳证券交易所于 2012 年为畅通中小企业融资渠道推出的金融产品，符合公司法、《企业债券管理条例》规定的“依照法定程序发行、约定在一定期限内还本付息的有价证券”的债券实质特征。其次，虽然 1997 年刑法规定欺诈发行债券罪时，我国债券市场仅发行公募债券，但是刑法第一百六十条并未对“公司、企业债券”作出必须公开发行的限制。该罪保护的对象是广大投资者，中小企业私募债券将投资者类型从普通社会公众拓展至合格投资者，平等保护不同投资者的财产权益符合本罪立法目的。

第二，关于王某某的刑罚。辩护人提出本案欺诈发行债券罪的主犯是甲公司，王某某仅是第三方会计师，获利少，犯罪情节轻微，可以免予刑事处罚。

公诉人指出，会计师在债券发行过程中承担重要的“看门人”职责，王某某不仅失职未尽审查义务，而且主动指导、帮助甲公司工作人员造假，在共同犯罪中起积极、重要作用，不属于犯罪情节轻微，不符合免予刑事处罚条件，应当依法惩处；对于其坦白情节，建议法庭可以依法从轻处罚。

（四）处理结果

2019 年 2 月 22 日、2020 年 9 月 29 日、2021 年 6 月 30 日，上海市第一中级人民法院分别作出一审判决，认定被告单位甲公司犯欺诈发行债券罪，判处罚金四百五十万元；被告人周某某犯欺诈发行债券罪，判处有期徒刑四年六个月，连同前罪判处刑罚，数罪并罚，决定执行有期徒刑十一年，并处罚金三十四万元；被告人林某某、王某某、叶某某犯欺诈发行债券罪，被告人马某犯出具证明文件重大失实罪，分别判处三年至一年六个月不等有期徒刑，部分适用缓刑，对王某某、马某并处罚金。

王某某、周某某提出上诉。2019 年 5 月 24 日、2021 年 11 月 1 日，上海市高级人民法院分别作出二审裁定，均驳回上诉，维持原判。

（五）制发检察建议

检察机关在办理多起欺诈发行中小企业私募债券案件的过程中，发现部分会计师事务所在承接私募债券发行项目中存在内控机制严重失灵、审核把关环节形同虚设、行业自律不足等问题。经最高人民检察院审核并转送，上海市人民检察院向中国注册会计师协会制发检察建议，提出加强中介组织人员法律知识培训和职业道德教育、搭建完善全流程风险控制体系、发挥行业监管作用等具体建议。中国注册会计师协会高度重视，制定了 10 项整改完善措施积极落实，并及时回复检察机关。上海注册会计师协会开展为期三年的专项整治行动，有效促进提升注册会计师行业治理水平。

【指导意义】

（一）根据我国现行金融管理法律规定，准确把握刑法规定的“公司、企业债券”范围

现代金融发展迅速，依法惩治欺诈发行债券等新类型证券期货犯罪，应当深刻领悟相关具体条文中蕴含的法治精神，在坚持罪刑法定原则的前提下，结合立法目的和现行金融管理法律规定相关内容，正确理解和适用刑法规定。1997 年刑法修订后，债券市场及相关金融管理法律规定发生了重大变化，出现中小企业私募债券、短期融资券、中期票据、超短期融资券、定向债务融资工具等新的金融产品。对于符合公司法、《企业债券管理条例》关于“公司、企业发行的约定按期还本付息的有价证券”的定义，均应当依法认定为刑法规定的“公司、企业债券”。欺诈发行上述债券，严重侵害投资者财产权益，破坏债券发行管理秩序，构成犯罪的，应当依法起诉。

（二）对于涉案中介组织人员，应当根据主客观相一致原则，依法适用不同罪名

对于出具审计报告等虚假证明文件的中介组织人员，应当区分其对发行人财务造假行为是主观明知、故意出具虚假证明文件，还是严重不负责任、应当发现造假而未发现、造成严重后果，来分别认定是否构成提供虚假证明文件罪、出具证明文件重大失实罪。对于中介组织人员与发行人共谋出具虚假证明文件以帮助欺诈发行证券，同时构成欺诈发行证券罪、提供虚假证明文件罪的，应当依照处罚较重的规定定罪处罚。

（三）坚持从个案惩戒向风险防范延伸，以检察履职助推资本市场行业治理

防范化解金融风险是资本市场高质量发展的基础和保障。检察机关要重视分析、总结案件办理中反映出的资本运行、自律管理、行政监管等各方面存在的风险问题，通过制发检察建议等方式，协助监管机关、行业自律组织等补齐漏洞，加强监管，促进行业治理，做好案件办理“后半篇”文章。

【相关规定】

《中华人民共和国刑法》（1997 年修订）第一百六十条、第二百二十九条第一款和第三款（现适用《中华人民共和国刑法》第一百六十条、第二百二十九条第一款和第三款）

《中华人民共和国公司法》（2005 年修订）第一百五十四条（现适用《中华人民共和国公司法》第一百九十四条）

《中华人民共和国证券法》（2005 年修订）第二条（现适用《中华人民共和国证券法》第二条）

《企业债券管理条例》第五条

《最高人民检察院、公安部关于公安机关管辖的刑事案件立案追诉标准的规定（二）》（公通字〔2010〕23 号）第五条第一项［现适用

《最高人民检察院、公安部关于公安机关管辖的刑事案件立案追诉标准的规定（二）》（公通字〔2022〕12号）第五条第一项]

《人民检察院检察建议工作规定》第三条

办案检察院：上海市人民检察院第一分院　上海市人民检察院

承办检察官：顾佳　孙惟文　赵炜捷　陈晨

案例撰稿人：孙惟文　赵炜捷　陈晨

吴某某等人违规披露重要信息案

（检例第220号）

【关键词】

上市公司　财务造假　违规披露重要信息　分类处理

【要旨】

人民检察院办理上市公司违规披露重要信息案件，应当查清上市公司原始生产经营情况，还原真实财务数据，与公开披露的财务数据进行比对，准确认定财务造假并违规披露重要信息的犯罪事实。要注重对行政执法证据的审查与运用。对于收集程序和来源合法、内容客观真实的书证、电子数据等客观性证据，可以作为指控犯罪的依据。要准确区分财务造假涉案人员的刑事责任，有针对性地进行分类处理。对于上市公司大股东、实际控制人、高级管理人员等实施犯罪的，依法从严惩处。

【基本案情】

被告人吴某某，甲集团股份有限公司原董事长、总裁。

被告人梁某，甲集团股份有限公司原总工程师、常务副总裁。

被告人勾某，甲集团股份有限公司原财务总监。

被告人孙某某、刘某，分别系甲集团股份有限公司原董事会秘书、原财务总监助理；被告人邹某某，系甲集团股份有限公司海洋牧场群原财务负责人；被告人石某某、张某及被不起诉人于某某、赵某，系甲集团股份有限公司增殖分公司工作人员。

甲集团股份有限公司（以下简称甲公司）系深圳证券交易所上市公司。2016 年，因甲公司已连续两年亏损，为防止公司连续三年亏损被暂停上市，吴某某指使勾某组织人员进行财务造假以虚增利润。邹某某安排负责底播扇贝养殖的增殖分公司人员张某、石某某具体修改“作业区域坐标”和“采捕亩数”，形成虚假的 2016 年度《月底播贝采捕记录表》和 2017 年度《月底播贝采捕记录表》，以调减虾夷扇贝采捕面积，实际采捕面积从 69. 41 万亩调减为 55. 48 万亩，减少采捕成本。增殖分公司人员于某某、赵某配合在该采捕记录表上签字，刘某将增殖分公司上报的《月底播贝采捕记录表》汇总后形成报表，层报勾某、孙某某、梁某、吴某某审核同意后编入 2016 年财务报告，共虚减营业成本 6000 余万元。吴某某还指使上述人员对部分海域已经不存在的扇贝应作核销处理的不作核销处理，虚减营业外支出 7000 余万元。综上所述，在甲公司公开披露的《2016 年年度报告》中，共虚增利润 1. 3 亿余元，占当期披露利润总额的 158. 11%。

2017 年末至 2018 年初，为了核销往年度的虚增利润，且为能够对 2016 年实际已经采捕但未作记录的隐瞒采捕区域重新播种扇贝苗，吴某某指使上述公司人员，调增虾夷扇贝采捕面积以增加采捕成本，实际采捕面积从 54. 91 万亩调增为 60. 7 万亩，虚增营业成本 6000 余万元。另外，通过在上述隐瞒海域增设抽测点位、编造扇贝死亡的方式，对已采捕海域的扇贝进行虚假核销、减值，虚增营业外支出和资产减值损失 2. 1 亿余元。综上所述，在甲公司公开披露的《2017 年年度报告》中，共虚减利润2.7亿余元，占当期披露利润总额的38.57%。

吴某某等人还犯诈骗罪、串通投标罪、对非国家工作人员行贿罪、非国家工作人员受贿罪。

【检察机关履职过程】

（一）审查逮捕

2021年4月27日、5月24日、7月20日，辽宁省大连市公安局先后以涉嫌违规披露重要信息罪等对勾某、吴某某、邹某某等犯罪嫌疑人提请批准逮捕。大连市人民检察院认为，查清每月虾夷扇贝成本结转的依据即“当期实际采捕面积”是认定是否存在财务造假的关键。经审查，中国证监会调取的甲公司采捕船只的北斗导航海上航行定位信息，及其委托中科宇图股份有限公司（以下简称中科宇图）、中国水产科学院东海所（以下简称东海所）根据导航定位信息还原的采捕船只真实航行轨迹和真实采捕海域等关键证据，能够证明甲公司2016年和2017年伪造并虚假披露采捕面积、捕捞成本与经营利润的犯罪事实，遂于2021年4月30日、5月31日、7月26日对吴某某等人作出批准逮捕决定。

同时，检察机关审查发现，吴某某等人到案后否认财务造假，拒不提供采捕船只航海日志、出海捕捞区域记录；办公系统中扇贝采捕面积和采捕成本的数据被人为销毁，反映篡改财务数据过程的微信聊天记录被删除；海底的抽测盘点情况已无法再现，真实捕捞状况不明，不能认定账面记载的成本、利润是否真实。检察机关要求公安机关继续开展针对性侦查取证工作。一是调取北斗星通导航技术股份有限公司关于利用卫星定位数据复原船只作业状态点位的原理说明，证明利用卫星数据复原真实采捕海域的科学性与可行性。二是调取甲公司船只采捕图、底播图、燃油补贴领取情况，审查其与卫星轨迹复原图是否互相印证，查明复原图的准确性。三是以卫星复原采捕面积为基础，对甲公司财务状况进行全面审计，还原真实财务数据，查明公开披露的年度报告对成本、营业外支出、利润等造假的具体数额。四是调取甲公司公文审批单、董事会决议、会议记录等书证，审查是否有吴某某和孙某某的签名，查明吴、孙二人的主观故意。

（二）审查起诉

2021年8月31日，大连市公安局根据继续侦查提纲收集相关证据后，以吴某某、勾某、梁某、孙某某、刘某、邹某某、石某某、张某、于某某、赵某等人涉嫌违规披露重要信息罪等向大连市人民检察院移送起诉。2022年1月20日，大连市人民检察院以被告人吴某某、勾某、梁某、孙某某、刘某、邹某某、石某某、张某构成违规披露重要信息罪，及吴某某等人构成其他犯罪向大连市中级人民法院提起公诉。另经审查，对犯罪情节轻微，社会危害性不大的犯罪嫌疑人于某某、赵某依法作出不起诉决定。

（三）指控和证明犯罪

2022年3月31日，大连市中级人民法院公开开庭审理本案。庭审中，对于被告人和辩护人提出的吴某某没有实施财务造假和违规披露行为，大数据分析报告不能作为证据使用，梁某在公开披露前不知道财务报告存在造假等意见，检察机关有针对性地进行了举证质证和答辩。

在举证阶段，公诉人针对吴某某没有组织、指使财务造假的辩解，向法庭出示了指控证明吴某某等人违规披露重要信息的证据：一是卫星导航数据、甲公司真实扇贝采捕面积和底播面积复原图，以船只采捕图、底播图、燃油补贴领取情况印证卫星复原图；二是根据复原面积还原的甲公司真实底播扇贝及采捕数据和对还原后的生产经营数据进行审计的报告，结转出真实的成本、营业外支出和利润，与甲公司披露的数据进行比较，计算出两者差额；三是虚假财务报告审批记录、信息披露公文审批记录，勾某、刘某、邹某某等犯罪嫌疑人供述及公司多名员工证言，证明吴某某直接向公司高管布置按月制造虚假盈利数据，明知财务数据均为虚假，仍然签字确认的事实。上述证据完整证明了吴某某等人财务造假并违规披露的犯罪事实。

在质证阶段，针对大数据分析报告的证据资格，公诉人答辩指出：一是从证据合法性上看，中科宇图是具有地理信息数据处理甲级资质的地理信息服务商，东海所是国家遥感中心渔业遥感部依托单位，在渔船船位数据监测与渔业信息服务方面具备出具大数据分析专业意见的资质。两家单位出具的大数据分析报告均系中国证监会在行政执法过程中依法调取，取证过程合法，根据刑事诉讼法第五十四条的规定，可以作为定案依据。二是从证据真实性上看，两家机构是根据采捕船的航行轨迹还原客观采捕事实，测算出实际采捕面积，且采用不同的方法得出的三版采捕区域图差异不大。中国证监会以真实采捕面积为基础，采用甲公司的成本结转方法所核算的财务数据，能够与公安机关委托作出的审计报告相互印证，应当予以采信。

在法庭辩论阶段，针对梁某的主观明知，公诉人答辩指出：一是梁某作为甲公司分管海洋牧场群业务的常务副总裁，扇贝采捕、抽测、年终盘点均由该业务群负责，其了解 2016 年和 2017 年的真实生产经营情况；二是邹某某多次向其汇报组织财务人员通过增殖分公司进行财务造假的情况，其安排工作人员编造扇贝死亡原因的“技术分析报告”，用于对外公开发布以掩盖虚假财务数据，对财务报告造假具有主观明知；三是根据证券法第八十二条规定，董事和高级管理人员应当保证所披露的信息真实、准确、完整，梁某明知财务报告造假仍然在审核时签字同意公开披露，构成违规披露重要信息罪，应承担相应刑事责任。

（四）处理结果

2022 年 10 月 31 日，大连市中级人民法院作出一审判决，认定吴某某犯违规披露重要信息罪，判处有期徒刑二年六个月，并处罚金二十万元，与诈骗罪等罪数罪并罚，决定执行有期徒刑十五年，并处罚金九十二万元；认定勾某、梁某等被告人犯违规披露重要信息罪，分别判处一年十个月至一年七个月不等有期徒刑，与诈骗罪等罪名数罪并罚，分别决定执行六年六个月至一年七个月不等有期徒刑，对部分被告人宣告缓刑，并处罚金。被告人吴某某、梁某等人提出上诉。2023 年 5 月 25 日，辽宁省高级人民法院作出二审裁定，驳回上诉，维持原判。

【指导意义】

（一）根据不同类型上市公司财务造假特点构建相应指控证明体系，依法严惩上市公司各类财务造假犯罪

上市公司财务造假手段多样，对于先虚增利润营造业绩，后虚减利润平账的行为，表面看似“纠错”，实为反复造假，严重破坏资本市场信息披露制度和诚信基础，损害投资者合法利益，应依法予以严惩。办理该类案件，应当根据不同类型上市公司源头性生产经营环节造假手段，紧扣证明关键点，以还原生产经营数据为基础，委托审计机构按照公司财务记账方法还原真实财务数据，与公开披露的财务数据对比，测算得出差额，准确认定财务造假并违规披露重要信息的犯罪事实。在无法获取原始生产经营数据的情况下，可以利用科学方法还原真实生产经营场景。涉及养殖、种植面积等，可以根据地理信息分析等科技手段进行测算。

（二）注重审查运用证券监督管理机构在行政执法中收集的客观性证据材料

对于证券监督管理机构在行政执法和查办案件过程中依法收集的书证、电子数据等客观性证据材料，可以作为指控、认定犯罪的依据。要充分运用其他证据或者通过审计、鉴定等方式，对行政机关移送证据的真实性予以印证，确保全案达到事实清楚，证据确实、充分的证明标准。

（三）准确认定财务造假涉案人员的刑事责任，根据其在犯罪中的地位、作用等依法分类处理

对于公司、企业的控股股东、实际控制人，董事、监事，总经理、副总经理、财务负责人等高级管理人员，组织、指使他人或者本人实施财务造假、违规披露行为，或者明知披露信息虚假仍在披露文件上签字确认的，应当依法从严追究刑事责任；对于组织、指挥他人实施或者积极参与财务造假、违规披露行为的部门负责人等中层管理人员，应当依法追究其相应的刑事责任；对于主观恶性不大，听从指挥、参与犯罪程度较轻的部门负责人和一般员工，可以依法从轻处理。

【相关规定】

《中华人民共和国刑法》（2006年修正）第一百六十一条（现适用《中华人民共和国刑法》第一百六十一条）

《中华人民共和国刑事诉讼法》第十五条、第五十四条第二款、第一百七十七条第二款

《中华人民共和国证券法》第八十二条

《最高人民检察院、公安部关于公安机关管辖的刑事案件立案追诉标准的规定（二）》（公通字〔2010〕23号）第六条第三项、第七项［现适用《最高人民检察院、公安部关于公安机关管辖的刑事案件立案追诉标准的规定（二）》（公通字〔2022〕12号）第六条第四项、第八项］

办案检察院：辽宁省人民检察院　辽宁省大连市人民检察院

承办检察官：曾腾　翟碧

案例撰写人：曾腾

蒋某某内幕交易案

（检例第 221 号）

【关键词】

内幕信息　内幕信息敏感期　知情人员范围　违法所得

【要旨】

认定内幕信息，应当根据证券法第五十二条第一款的规定，从“对证券的市场价格有重大影响”与“尚未公开”两方面作实质判断。对于证券法所列重大事件以外的信息，符合前述规定要求的，依法认定为内幕信息。认定内幕信息的知情人员，应当在审查行为人是否具有特定职务身份的同时，重点审查其实际获取内幕信息的情况。凡属通过合法途径取得内幕信息的，均应依法认定为内幕信息的知情人员。利用内幕信息提前卖出避免损失的金额应当认定为违法所得，一般应当以信息公开后跌停板打开之日收盘价为标准进行计算；没有跌停的，以复牌后首个交易日收盘价为标准进行计算。

【基本案情】

被告人蒋某某，甲控股集团有限公司（以下简称甲公司）下属浙江乙资本管理有限公司（以下简称乙公司）员工。

甲公司系上市公司浙江丙环境股份有限公司（以下简称丙公司）的控股股东。2018 年 4 月，甲公司为偿还即将到期的 22 亿元债券，计划在银行间债券市场发行两笔额度分别为 12 亿元和 10 亿元的超短期融资券。同年 4 月 24 日 11 时，第一笔募集失败，甲公司随后发布公告取消发行事宜，由此引发甲公司债务危机。当晚，甲公司法定代表人、董事长姚某某召集集团管理人员开会研究应对措施，蒋某某经姚某某通知参加会议。会议要求参会人员对上述信息保密。

2018 年 4 月 25 日，蒋某某清仓卖出持有的丙公司股票 125 万股，成交金额 815 万余元。案发后经深圳证券交易所测算，其由此避免损失金额 336 万余元。

2018 年 5 月 2 日，丙公司发布公告，称控股股东甲公司存在重大不确定事项，且该事项对丙公司有重大影响，股票即日起停牌。5 月 4 日，丙公司发布公告称，甲公司若无法妥善解决债务清偿问题，存在丙公司控制权发生变更的可能。复牌后，丙公司连续 4 个交易日跌停，第 5 个交易日打开跌停，跌幅为 8. 59%，总体跌幅为 48. 59%。

2020 年 6 月 15 日，中国证监会厦门监管局作出行政处罚决定，认定甲公司债务危机事项为内幕信息，蒋某某系内幕信息知情人，内幕信息敏感期为 2018 年 4 月 24 日 11 时至 2018 年 5 月 3 日，对蒋某某没收违法所得 336 万余元，并处罚款。蒋某某退缴了违法所得并缴纳了罚款。

2021 年 6 月 28 日，蒋某某主动到公安机关投案，交代其涉嫌内幕交易的犯罪事实。

【检察机关履职过程】

（一）审查起诉

2021 年 11 月 22 日，浙江省杭州市公安局以蒋某某涉嫌内幕交易罪向杭州市人民检察院移送起诉。

杭州市人民检察院审查发现，蒋某某系甲公司下属乙公司普通员工，未承担 22 亿元超短期融资券募集工作，却参加了甲公司高管会议从而获悉内幕信息，其内幕信息知情人的身份存疑；本案为避损型内幕交易，违法所得计算方法须进一步核实。杭州市人民检察院将案件退回公安机关补充侦查，要求进一步收集蒋某某参会原因的证据，明确计算方法。

公安机关补充侦查后重新移送起诉。检察机关审查认为：第一，蒋某某虽非甲公司高管，乙公司也不负责集团募资事宜，但其与姚某某系亲戚关系，深得信任，受其指派经手办理集团另向他人借款 5 亿元事宜，因需整体处理集团债务危机，经姚某某通知参加会议，是刑法第一百八十条规定的“内幕信息的知情人员”。第二，公安机关向深圳证券交易所调取的交易数据和计算公式显示，以市场对内幕信息的消化日即跌停板打开日为基准日计算避损金额，具有合理性，应当依法认定为违法所得。2022 年 7 月 2 日，杭州市人民检察院以被告人蒋某某构成内幕交易罪向杭州市中级人民法院提起公诉。

（二）指控和证明犯罪

2022 年 11 月 17 日，杭州市中级人民法院公开开庭审理本案。庭审中，公诉人重点围绕内幕信息的形成及其性质，蒋某某内幕信息知情人的身份及利用内幕信息交易的行为进行举证。

被告人蒋某某对指控事实和罪名无异议，提出本人系主动投案，在审查起诉阶段全额退缴违法所得并缴纳全部罚款，请求减轻处罚。蒋某某的辩护人提出甲公司债务危机不属于内幕信息，理由是：第一，2019 年证券法删除了 2014 年证券法中关于证券期货监管机构依职权认定内幕信息的兜底条款，本案债务危机事项不属于 2019 年证券法列举的任何一种情形，根据从旧兼从轻原则，不能认定为内幕信息。第二，甲公司债务危机是关于上市公司的控股公司的信息，而非上市公司本身的经营、财务信息。第三，甲公司已于募集失败当日在上海清算所、中国货币网公开披露取消发行超短期融资券。

公诉人答辩指出：第一，2014 年证券法与 2019 年证券法均对内幕信息的含义作出明确规定，包括“对证券的市场价格有重大影响”与“尚未公开”两个实质特征，并未规定内幕信息仅限于证券法明确列举的情形。2019 年证券法亦未删除兜底条款，而是把证券期货监管机构“认定”的其他事项改为“规定”的其他事项，并不意味着内幕信息范围的缩小，也不影响根据内幕信息的定义对法条未列举的情形依法作出认定。第二，本案根据证券法对内幕信息实质特征的规定，可以认定甲公司债务危机是内幕信息：一是具有重大性，甲公司债务危机虽非证券法列举的上市公司经营、财务信息，但是可能导致甲公司丧失对丙公司的控制权，对丙公司股票交易价格有重大影响；二是具有未公开性，甲公司在上海清算所、中国货币网仅公告因市场波动较大取消超短期融资券发行，未披露甲公司存在债务危机以及可能丧失对丙公司控制权的情况，并且上述网站不符合证券法对信息披露平台的规定，不能视为本案内幕信息已公开。

（三）处理结果

2022 年 12 月 29 日，杭州市中级人民法院作出一审判决，认定被告人蒋某某犯内幕交易罪，情节特别严重，但因其具有自首情节，结合其退缴全部违法所得并已足额缴纳行政罚款的情况，依法减轻处罚，判处其有期徒刑三年，缓刑五年，并处罚金八百万元。被告人蒋某某未上诉，判决已生效。

【指导意义】

（一）认定“内幕信息”，应当根据证券法第五十二条第一款规定，从“对证券的市场价格有重大影响”与“尚未公开”两方面作实质判断

经审查，对于证券法第八十条第二款、第八十一条第二款所列重大事件以外的信息，具备证券法第五十二条第一款规定的“对证券的市场价格有重大影响”与“尚未公开”两方面特征的，应当依法认定为内幕信息。“对证券的市场价格是否有重大影响”，可以从对上市公司控制、经营、存续是否有影响，以及公司是否履行了内幕信息管理程序

等方面，判断信息是否可能对投资者作出交易决策产生基础性、关键性影响。“信息是否公开”，一般从公开内容的完整、准确，并且在证券交易场所的网站和证券期货监管机构规定条件的媒体上发布等方面判断。

（二）不属于证券法第五十一条明确列举的人员，但合法取得内幕信息的，应当依法认定为知情人员

认定“内幕信息的知情人员”，不仅要审查行为人的身份是否符合证券法及相关规定，还应从其所任职务、承担职责、实际履职、参与程度、信息来源等方面重点审查其获取内幕信息的情况。对于行为人基于职务、工作、监管、业务关系等合法途径取得内幕信息的，即使不属于证券法列举的特定人员范围，也应当依法认定为“内幕信息的知情人员”。

（三）避损型内幕交易违法所得的计算，一般应当以跌停板打开之日收盘价为基准

利用可能导致股票价格下跌的内幕信息提前卖出的，违法所得是指避免损失的金额。由于该类信息公开后，通常会造成股票价格跌停，股票价格不再跌停时，可以视为市场对该信息已经消化。因此，对违法所得的计算，一般应当以信息公开后跌停板打开之日收盘价为标准；没有跌停的，以信息公开后首个交易日收盘价为标准。

【相关规定】

《中华人民共和国刑法》第一百八十条

《中华人民共和国证券法》（2014 年修正）第六十七条、第七十四条、第七十五条（现适用《中华人民共和国证券法》第五十一条、第五十二条、第八十条、第八十一条）

《最高人民法院、最高人民检察院关于办理内幕交易、泄露内幕信息刑事案件具体应用法律若干问题的解释》（法释〔2012〕6 号）第一

条、第五条、第七条、第十条

办案检察院：浙江省杭州市人民检察院

承办检察官：吕静　郑凯予

案例撰稿人：吕静　郑凯予

赵某某等人操纵证券市场案

（检例第 222 号）

【关键词】

操纵证券市场　私募基金　场外期权　违法所得

【要旨】

人民检察院办理利用私募基金操纵证券市场案件，应当对私募基金的资金来源、使用、去向等流转过程进行全链条审查，特别是行为是否违反基金监督管理的有关规定，准确认定各环节犯罪事实。要区分交易型操纵和信息型操纵的不同犯罪手段，正确适用司法解释认定“情节严重”和“情节特别严重”。与操纵股票互相配合买卖场外期权的行为，不构成操纵期货市场罪，但其获利属于操纵证券市场犯罪的跨市场违法所得，应当依法予以追缴。

【基本案情】

被告人赵某某，甲期货股份有限公司资产管理部原副总经理。

被告人赵某甲，甲期货股份有限公司资产管理部员工。

被告人朱某、金某某，均系赵某某雇用人员。

2016 年 5 月至 2018 年 8 月，甲期货股份有限公司（以下简称甲公司）发行五期以基金产品为投资目标的 FOF 系列基金（投资私募基金的基金），共募集资金 10. 86 亿元，投资认购 9 只私募基金，合计 9. 36 亿元。其间，赵某某利用管理、运营 FOF 基金产品的职务便利，要求私募基金公司违规提供“通道服务”，让渡基金产品的管理和风控权限，获得了资金的管理、投资和使用权限。

2017 年底至 2018 年 8 月，赵某某指使赵某甲、朱某联系客户，循环挪用 FOF 基金募集的资金为他人股票交易提供场外配资，累计 18 亿余元，并使用其控制的个人银行卡收取配资保证金和利息。

2018 年 8 月至 12 月，赵某某、朱某、金某某与乙集团股份有限公司（以下简称乙公司）股东阮某（另案处理）通谋，以“市值管理”为名共同操纵乙公司股票。赵某某指使朱某、金某某管理的交易团队利用甲公司 FOF 基金投资的 9 只私募基金账户资金买入乙公司股票，拉抬股价。同时，赵某某将其个人收取的场外配资保证金和利息，打入其控制的个人证券账户同步买入乙公司股票。在股价拉抬之后，赵某某个人账户卖出股票，私募基金账户则在高位买入接盘。截至案发，赵某某控制的个人账户买入乙公司股票 4. 8 亿余元，卖出 6 亿余元，获利 1. 25 亿余元；甲公司 FOF 基金投资的 9 只私募基金账户买入乙公司股票 12. 7 亿余元，卖出 3700 余万元。案发后，上述私募基金于 2018 年 12 月 19 日至 2019 年 8 月 14 日陆续清算，甲公司 FOF 基金共计亏损 5 亿余元。

另外，在操纵乙公司股票价格期间，赵某某等人使用个人收取的 1. 32 亿元配资保证金和利息向上海丙金融服务有限公司等多家公司购买乙公司股票场外看涨期权。操纵证券市场将股价抬高后，赵某某行权获利共计 1. 25 亿余元。

经中国证监会认定，2018 年 7 月 18 日至 12 月 3 日，赵某某等人控制的私募基金账户、个人证券账户合计持有的乙公司流通股份数，达到该股票实际流通股份总量的30%以上。其中，2018年11月6日至12月3日，连续20个交易日累计成交量达到同期该证券总成交量50%以上。

赵某某等人还犯非国家工作人员受贿罪、对非国家工作人员行贿罪。

【检察机关履职过程】

（一）审查起诉

2019年9月27日，山东省公安厅以赵某某、赵某甲、朱某、金某某等人涉嫌操纵证券市场、挪用资金等罪，向山东省人民检察院移送起诉，山东省人民检察院指定青岛市人民检察院管辖本案。

赵某某辩解甲公司对其管理私募基金投资乙公司股票知情，资金使用符合私募基金投资规定，不构成操纵证券市场罪。检察机关退回公安机关补充侦查，并提出具体意见：一是补充调取9只私募基金管理人与甲公司签订的投资协议、赵某某实际掌握私募基金的交易权限和交易记录及证人证言等证据，证明赵某某是否违反监管规定和委托投资协议，控制私募基金资金及投资交易；二是补充调取甲公司业务决策记录、资金使用安排方案及相关证人证言等证据，证明甲公司对私募基金实际由赵某某控制是否明知；三是查清赵某某收取的配资保证金和利息数额，上述资金是否全部用于购买乙公司股票和场外期权，最终获利是否流入赵某某个人账户，证明赵某某是否利用FOF基金配资获得启动资金，用于操纵证券市场、买卖场外期权及非法获利情况；四是查清私募基金买入乙公司股票与赵某某个人账户卖出乙公司股票的对应关系，证明赵某某是否利用私募基金高位接盘。

公安机关根据补充侦查提纲要求，全面收集并移送了相关证据。青岛市人民检察院审查后认为，在案证据足以证明赵某某等人违反FOF基金和私募基金管理规定，挪用基金资金配资作为个人操纵证券市场启动资金，违规控制私募基金拉抬股价，拉至高位后基金接盘个人获取巨额非法利益，并提前买入场外看涨期权成倍放大操纵获利的犯罪事实。

2020年5月11日，青岛市人民检察院以赵某某、朱某、赵某甲、金某某构成操纵证券市场罪、挪用资金罪等犯罪，向青岛市中级人民法院提起公诉。

（二）指控和证明犯罪

2020年11月、2021年1月、2021年5月，青岛市中级人民法院公开开庭审理本案。庭审中，辩护人提出场外期权获利不属于违法所得、不应认定为情节特别严重等意见，公诉人进行有针对性的答辩。

第一，关于场外期权。辩护人提出，投资场外期权是FOF基金设计的组成部分，赵某某行权所得不是违法所得，不应追缴。公诉人指出，购买场外期权的资金系赵某某挪用FOF基金场外配资所得保证金及利息，其通过操纵证券市场在对应的场外期权交易中获利，行权获利转入赵某某控制的个人证券账户继续用于操纵乙公司股票，自始至终未进入FOF基金或者私募基金账户，系赵某某个人违法所得，应当依法追缴。

第二，关于是否认定“情节特别严重”。辩护人提出，本案操纵证券市场行为发生在2018年，根据从旧兼从轻原则，应当适用2010年《最高人民检察院、公安部关于公安机关管辖的刑事案件立案追诉标准的规定（二）》（以下简称《2010年追诉标准》），认定为“情节严重”；不能适用2019年《最高人民法院、最高人民检察院关于办理操纵证券、期货市场刑事案件适用法律若干问题的解释》（以下简称《2019年司法解释》），不应认定为“情节特别严重”。

公诉人答辩指出，一是《2019年司法解释》比《2010年追诉标准》降低了本罪交易指标入罪标准，根据从旧兼从轻原则，本案仍适用《2010年追诉标准》认定构成犯罪。二是2018年犯罪行为实施时没有司法解释对“情节特别严重”标准作出规定，根据《最高人民法院、最高人民检察院关于适用刑事司法解释时间效力问题的规定》，行为时虽然没有相关司法解释，处理时已有《2019 年司法解释》对“情节特别严重”作出规定，应当依照《2019 年司法解释》的规定办理，赵某某等人操纵证券市场的行为应当认定为“情节特别严重”。

（三）处理结果

2021 年 5 月 25 日，青岛市中级人民法院作出一审判决，认定赵某某犯操纵证券市场罪，判处有期徒刑六年，与挪用资金罪等其他犯罪数罪并罚，决定执行有期徒刑十七年，并处罚金六千零四十万元，追缴操纵市场及场外期权交易获利二亿五千余万元。认定朱某犯挪用资金罪、操纵证券市场罪，赵某甲犯挪用资金罪，金某某犯操纵证券市场罪，分别判处八年至三年不等有期徒刑，并处罚金。赵某某、朱某、赵某甲、金某某提出上诉。2021 年 12 月 20 日，山东省高级人民法院作出二审裁定，驳回上诉，维持原判。

【指导意义】

（一）全链条查清用于犯罪的私募基金资金流转过程，依法严惩利用私募基金实施操纵证券市场各环节的犯罪行为

利用私募基金操纵证券市场，既侵害证券市场投资者利益，又侵害私募基金投资者利益，造成严重的跨领域危害后果。办理该类案件，要审查私募基金的资金流转过程，对资金来源、使用、去向进行全链条追踪，并重点审查是否存在违反证券投资基金法、《私募投资基金监督管理条例》中“私募基金管理人不得将投资管理职责委托他人行使”“不得利用私募基金财产或者职务便利，为投资者以外的人牟取利益”等情形，准确认定行为人违规控制私募基金、违法使用基金资金、利用资金优势操纵证券交易价格和交易量等各环节的犯罪事实及犯罪手段。对于挪用基金资金实施操纵证券市场犯罪，分别构成挪用资金罪、操纵证券市场罪的，依法数罪并罚。

（二）准确认定操纵证券市场罪的“情节严重”和“情节特别严重”

操纵证券市场犯罪可以分为交易型操纵与信息型操纵，交易型操纵主要以持股占比、成交量占比等交易指标来判断是否符合入罪和法定刑升档标准。相较于《2010年追诉标准》，《2019年司法解释》降低了交易指标的入罪标准。对2019年7月1日前实施的交易型操纵，应当适用《2010年追诉标准》认定是否构成犯罪；对“情节特别严重”的认定，由于行为时没有司法解释的规定，应当适用《2019年司法解释》。《2019年司法解释》实施前涉交易型操纵案件中的交易指标未达到《2010年追诉标准》规定的，不能直接适用《2019年司法解释》入罪甚至升档法定刑。

（三）与操纵股票互相配合买卖场外期权的行为，不能认定为操纵期货市场罪，但其获利属于操纵证券市场犯罪的跨市场违法所得，应当依法予以追缴

操纵证券市场、连续拉高股价之前，买入场外看涨期权跟随获利，是典型的跨市场操纵行为。根据期货和衍生品法第三条的规定，场内期权属于期货，场外期权属于衍生品，不是期货。因此，买卖场外期权的行为不构成操纵期货市场罪，买卖场外期权的交易数额不应计入犯罪数额。但是，该期权交易获利属于操纵证券市场抬高股价跨市场的获利，应当认定为操纵证券市场犯罪的违法所得，依法予以追缴。

【相关规定】

《中华人民共和国刑法》（2006年修正）第一百八十二条第一款（现适用《中华人民共和国刑法》第一百八十二条第一款）

《中华人民共和国刑法》（1997年修订）第二百七十二条第一款（现适用《中华人民共和国刑法》第二百七十二条第一款）

《最高人民法院、最高人民检察院关于办理操纵证券、期货市场刑

事案件适用法律若干问题的解释》（法释〔2019〕9号）第四条第一项

《最高人民检察院、公安部关于公安机关管辖的刑事案件立案追诉标准的规定（二）》（公通字〔2010〕23号）第三十九条第一项［现适用《最高人民检察院、公安部关于公安机关管辖的刑事案件立案追诉标准的规定（二）》（公通字〔2022〕12号）第三十四条第一项］

办案检察院：山东省青岛市人民检察院　山东省人民检察院

承办检察官：吕强　扈小刚

案例撰稿人：吕强　扈小刚

司法实务问题研究

电信网络诈骗的罪群生态与刑法治理*

张　勇**

当前，安全与发展成为数字经济持续健康发展的核心。随着互联网技术的快速发展和广泛应用，违法犯罪行为手段日趋技术化、多样化，尤其是电信网络诈骗刑事案件大量增加，犯罪行为类型趋于复杂化，对传统的刑事立法和司法提出了新的挑战。为了有效惩治电信网络诈骗等犯罪活动，最高人民法院、最高人民检察院于 2011 年发布了《关于办理诈骗刑事案件具体应用法律若干问题的解释》（以下简称《办理诈骗刑案解释》）；最高人民检察院于 2018 年发布了《检察机关办理电信网络诈骗案件指引》（以下简称《办理电诈案件指引》）等规范文件；最高人民法院、最高人民检察院、公安部先后于 2016 年发布了《关于办理电信网络诈骗等刑事案件适用法律若干问题的意见》（以下简称《办理电诈刑案意见（一）》）、2021 年发布了《关于办理电信网络诈骗等刑事案件适用法律若干问题的意见（二）》（以下简称《办理电诈刑案意见（二）》）；国家立法机关于 2022 年专门出台了反电信网络

* 本文系国家社会科学基金一般项目“数据安全刑事治理现代化转型机制研究”（项目编号：23BFX116）阶段性成果。

** 华东政法大学刑事法学院教授，博士生导师。

诈骗法（以下简称反电诈法）；最高人民法院、最高人民检察院、公安部于2024年发布了《关于办理跨境电信网络诈骗等刑事案件适用法律若干问题的意见》（以下简称《办理跨境电诈刑案意见》）等配套性文件。上述立法和司法解释等规范性文件对电信诈骗的定罪处罚等问题作出了明确规定。本文提出“罪群”概念，将刑法分则中与电信网络诈骗的关联罪名涵括其中；基于系统论中的信息生态理论，阐释电信网络诈骗领域的罪群生态化情况；依据司法解释等规范性文件，研究并解决电信网络诈骗案件的共同犯罪认定、关联罪名适用等问题。

一、电信网络诈骗及其“黑灰产”特征

电信网络诈骗犯罪的概念包含电信网络技术和诈骗行为的双重内容，其罪质特征也应当体现网络犯罪和诈骗犯罪的双重特点。犯罪行为手段的非接触性和被害人的不特定性是认定电信网络诈骗犯罪的关键点，也是电信网络诈骗与网络“黑灰产”相互交织的重要原因。

（一）电信网络诈骗的概念界定与罪质特征

我国刑法条文没有关于“电信网络诈骗”的专门表述。无论是司法机关的专项行动还是国家层面的司法解释和规范性文件，所惩治和规制对象均是“电信网络诈骗”，需要对其概念进行明确界定。《办理电诈案件指引》将“电信网络诈骗犯罪”表述为“以非法占有为目的，利用电话、短信、互联网等电信网络技术手段，虚构事实，设置骗局，实施远程、非接触式诈骗，骗取公私财物的犯罪行为”。反电诈法则采用了“电信网络诈骗”的表述，重申电信网络诈骗技术性和远程、非接触性的行为特征。任何一个概念都有其产生、发展和演变的过程，在不同的文本、语境、场景和理论视域下会有不同的表达。“电信网络诈骗”不是严格的法律术语，而是描述了传统诈骗犯罪形式以及行为模式发生颠覆性改变后约定俗成的称谓，是犯罪学意义上的概括和归纳。

从统摄犯罪治理与刑行衔接角度，宜以反电诈法中“电信网络诈骗”定义为基础，同时展现“电信网络诈骗”的罪质。本文将“电信网络诈骗”定义为：行为人利用网络通信工具，采取非接触性和隐蔽性手段，以不特定多数人公私财物为犯罪对象的诈骗行为。

司法实务中对于电信网络诈骗犯罪多按诈骗罪论处。电信网络技术拓宽了犯罪链条，使其行为方式丰富多样，所涉及的罪名除了诈骗罪外，还包括信用卡诈骗罪、帮助信息网络犯罪活动罪等多个罪名。无论适用的罪名如何变换，电信网络诈骗犯罪行为均具有以下罪质特征：第一，犯罪空间的虚拟性与犯罪行为手段的非接触性。行为人实施诈骗行为不受时间与空间的限制。信息化的虚拟空间使得不同国家人群的交往不再受制于边界的限制，由此催生了大量跨境犯罪行为，[①] 电信网络诈骗呈现出跨国跨境快速发展的新态势。犯罪行为手段集中体现了其罪质特征。非接触性是电信网络诈骗中电信网络技术应用时伴随产生的状态，行为人无须与被害人产生现实接触就能实现信息的搜寻、被害人的锁定以及钱款的转移。在《办理电诈案件指引》中，非接触性成为区分电信网络诈骗和传统诈骗的重要标准：虽然使用电信网络技术但被害人基于接触被骗的，应当认定为普通诈骗。第二，以不特定多数人为犯罪对象，层层递进、精准施诈。《办理诈骗刑案解释》和《办理电诈案件指引》均明确规定，电信网络诈骗的犯罪对象应当是不特定多数人。电信网络诈骗行为人在犯罪初期获取大量公民个人信息，经筛选过滤后锁定诈骗目标。这种犯罪手段的特点是“全面撒网，精准捕鱼”，通过广泛筛选与深度欺诈的结合，实现对多个受害者的精准诈骗。电信网络诈骗的被害人虽然也是具体的个体，损失的也仅是自己占有、控制的财物，但从整体看，被害人在来源上均具有不特定性、相互之间可以替

---

① 参见陈颖洪：《电信网络诈骗跨境治理的国界壁垒及制度应对》，载《中共福建省委党校（福建行政学院）学报》2023 年第 2 期。

代，仍符合不特定多数人“可替代性”的要求。若行为人针对特定对象行骗，尽管利用电信网络技术实施了非接触性的诈骗手段，由于诈骗行为仅侵害特定个体的财产法益，行为的危害性不会扩散到其他自然人，不能将此种诈骗行为认定为电信网络诈骗。第三，犯罪行为手段的隐蔽性。电信网络诈骗以虚拟空间为媒介，以信息网络技术为依托，司法机关难以直接锁定各类账号、设备背后的真正操控者。通过虚拟定位、拨号、IP 地址等技术的运用，诈骗分子隐匿其空间位置；通过加密算法和虚拟货币的运用，诈骗分子隐匿其违法所得的资金流向。不仅如此，境外地下钱庄也参与赃款结算与转移。对电信网络诈骗的刑事处罚相较于普通犯罪更加严厉，证据的证明标准相较于传统诈骗犯罪有所调整，也是司法机关应对电信网络诈骗犯罪手段行为隐蔽性的考虑。犯罪行为手段的隐蔽性使得犯罪团伙如何分工、如何进行犯意联络等事实查证工作也面临巨大的困难，继而带来司法适用难题。

（二）电信网络诈骗犯罪与网络“黑灰产”的结合

随着云计算和大数据技术的不断发展与广泛运用，越来越多的犯罪分子以电信网络为手段实施诈骗。电信网络诈骗是信息网络犯罪与传统诈骗犯罪的结合，具有高科技性、强隐蔽性、非接触性、跨地域性等特点。犯罪分子通过电信网络技术，可以隐藏在任何国家和地区，借助改号软件伪装电话号码，大大增加诈骗行为的迷惑性，提高诈骗的成功率。犯罪分子通过借助网络信息技术，运用计算机程序替代人工拨打电话、发送诈骗短信、语音包及木马程序；借助电子银行系统迅速转移非法所得资金，从而实现远程非接触、点对点精准诈骗、地毯式集中诈骗，犯罪成本较低。电信网络诈骗案件的主谋及核心实施者往往隐匿于境外，使得公安侦查机关对他们的抓捕工作变得尤为困难。相比之下，在境内协助取款和提供网络技术支持的从犯，往往更容易被抓获。司法机关在处理电信网络诈骗案件时还面临诸如电子证据收集取证困难、诈骗手段隐蔽难以侦破、案件管辖难以确定等难题。

随着网络技术的发展，电信网络诈骗逐渐由传统“各自为战”式的犯罪转向分工协作，促成了网络“黑灰产”与电信网络诈骗的结合，形成链条清晰、分工明确的产业链。网络黑灰产业渗透于电信网络诈骗全链条。从广义角度，可以将网络黑灰产业视为电信网络诈骗活动的组成部分，电信网络诈骗呈现出犯罪的生态化特征和发展趋势。网络“黑灰产”包括“黑产”与“灰产”两部分，二者差异在于，“黑产”违反法律法规的禁止性规定；“灰产”则通常游走在法律边缘，社会危害性较小，是否触犯刑法还须结合具体情境进行综合判断。但是，“黑产”与“灰产”之间的界限并不清晰，它们相互依存、交错融合，形成庞大而稳定的诈骗犯罪网络，共同构成了黑灰产业体系。① 一般认为，网络“黑灰产”的上游、中游、下游具有明确的分工。其上游产业通常为犯罪提供工具或者重要条件，包括利用爬虫、病毒软件等手段非法买卖个人信息、恶意注册、虚假注册、流量造假、恶意点击、DDoS攻击等；中游产业一般是组织管理和号卡贩卖；下游产业通常是诈骗等传统犯罪，并伴随洗钱以及掩饰、隐瞒犯罪所得、犯罪所得收益行为。网络黑灰产业下游人数最多，风险最大，社会危害最为直接和严重。②

例如，被告人易某某等38人诈骗、组织他人偷越国境、偷越国境、帮助信息网络犯罪活动及掩饰、隐瞒犯罪所得案，具有典型的电信网络诈骗犯罪结构。③ 第一，组织结构清晰，具有组织性。电信网络诈骗逐渐发展为规模庞大的犯罪团伙，并在团伙内部进行分工合作型犯罪，每一部分成员可能分散至不同空间，各司其职，担任不同职责。第二，以

---

① 参见喻海松：《网络犯罪黑灰产业链的样态与规制》，载《国家检察官学院学报》2021年第1期。

② 参见张新平：《论“网络黑灰产”的一体化法律治理》，载《数字法治》2023年第4期。

③ 参见最高人民法院：《人民法院依法惩治电信网络诈骗犯罪及其关联犯罪典型案例》，载最高人民法院网站，https://www.court.gov.cn/zixun/xiangqing/371131.html，2024年10月19日访问。

网络“黑灰产”为支撑。网络“黑灰产”在电信网络诈骗的上下游环节中都发挥着重要作用：在上游环节，为诈骗团伙提供实行犯罪的条件；在下游环节，则促成犯罪结果实现。每一个网络黑灰产业又与多个不同的犯罪团伙紧密联系，构建以诈骗团伙为核心、以网络“黑灰产”为连接纽带、庞大而复杂的网络犯罪生态体系。对此，有必要将电信网络诈骗和网络“黑灰产”各个环节视为有机整体，确立生态化、系统化的司法协作理念，在不同阶段和环节针对性进行刑事规制，实现“治本”效果。

二、电信网络诈骗罪群及其生态化

（一）电信网络诈骗的罪群及关联罪名

“罪群”是多个类似罪名的集合，是同类罪名与单个罪名的中间层，可称为“亚类罪”或“次类罪”。罪群内的个罪之间具有更为具体的内在联系，侵犯刑法分则各章同类客体下某种特定的次类罪客体。不同层次罪群具体个罪的犯罪客体性质一般是相同的，犯罪对象、行为方式等一个或多个构成要件也有同类项，其他构成要件则存在差别。刑法分则目前已形成“类罪—群罪—个罪”的三元层次结构，大量的罪群式立法例集中于危害公共安全罪、破坏社会主义市场经济秩序罪、妨害社会管理秩序罪、贪污贿赂犯罪等章中，章下各节是次类罪。在各节次类罪罪群中，还可进一步区分为更小单元的罪群，如在金融犯罪的罪群中，进一步区分为货币犯罪、存贷犯罪、票据犯罪、证券期货犯罪、金融诈骗犯罪等罪群。①

在刑法罪名体系中，电信网络诈骗犯罪是包括诈骗罪在内的罪名集合，包括与诈骗罪相关的网络“黑灰产”上游、中游、下游犯罪。需

① 参见吴允锋：《罪群式经济犯罪规范与体系解释》，载《江西社会科学》2009年第3期。

要探讨的问题是，应否将诈骗类犯罪外的其他关联罪名纳入电信网络诈骗罪群范畴，或者说，如何认识诈骗类犯罪与其他电信网络诈骗关联罪名的关系？按照刑法第二百八十七条利用计算机实施犯罪的提示性规定，行为人利用计算机实施犯罪时，应当按照目的行为的性质定罪处罚。传统罪群的共性特点在于犯罪客体的同质性，然而，诈骗犯罪侵犯的法益无法周延评价电信网络诈骗的上下游犯罪。电信网络诈骗案件以非接触式的诈骗行为为核心，网络“黑灰产”产业链条催生系列具有内在联系的犯罪；电信网络诈骗的罪群是以诈骗罪为核心，包含网络黑灰产上游、中游、下游与之紧密相连的犯罪的集合。将电信网络诈骗及网络黑灰产所涉及的犯罪纳入同一罪群，有助于保持对电信网络诈骗犯罪长期且灵活的治理策略、形成体系性的案件侦办思路，以及妥善处理案件办理中的罪刑均衡问题。

司法实践中，除依法惩治诈骗罪外，电信网络诈骗案件通常还会暴露出其他需要治理的社会问题。例如，在王某某等人诈骗、侵犯公民个人信息案中，2020 年至 2021 年，A 物流公司销售人员孙某某介绍该公司快递员张某向王某某出售公民个人信息，张某先后从快递员李某处购买公民寄递信息共计 10 万余条出售给王某某；2021 年 5 月至 6 月，王某某与孙某某共谋，利用非法购买的大量公民寄递信息，通过 A 物流公司以货到付款形式向全国寄递价值 2 元的足浴包，虚构商品购销关系，要求收件人支付每单 69 元的到付货款，通过上述方式骗取他人财物。该案的典型意义在于，依法严惩新型电信网络诈骗犯罪，寄递行业“内鬼”同样需要严惩，还可以运用公益诉讼与检察建议相结合的方式拓宽综合治理路径。[①] 电信网络诈骗罪群的构建应当以实践为导向，以

① 参见最高人民检察院：《检察机关依法惩治电信网络诈骗及其关联犯罪典型案例》，载最高人民检察院网站，https：//www. spp. gov. cn/spp/xwfbh/wsfbt/202311/t20231130_ 635188. shtml#2，2024 年 10 月 20 日访问。

综合治理作为案件办理的终极目标，并且善于归纳案件本身存在的特点，这就不得不革新传统罪群的构建模式，使之脱离传统的罪刑关系，兼具刑事治理和行政治理双重功效。

（二）电信网络诈骗罪群生态及其层次

根据系统论原理，个体和元素以系统为载体，在系统内相互作用、相互交换信息、资源以及能量，彼此之间相互依存，形成紧密的关联。美国学者 F. W. Horton 最早提出信息生态（Information Ecology）的概念，Thomas 进一步提出信息生态学，主要研究信息、信息主体、信息环境之间相互影响、相互作用的关系。[①] 信息生态群落是一种类似于自然生态群落的集合体，由一定区域内的相关信息与其他资源集合而成，集合体内存在多项要素、多个主体、多种联系。[②] 信息生态群落的解体创生是从无到有的形成过程以及群落之间相互兼容的过程。群落与外部环境交互促进、优化配置，同时，群落内部各要素相互作用，不断进行自我调节、自我优化，群落有序程度不断提升。生态系统发展到极限时，系统就会进化到更加合理的组织形式。[③]

法律是人类社会进步的产物，作为调控社会关系的关键手段，其遵循社会发展与进化的普遍规律，并能与社会发展的各阶段及其特性相融合，呈现出不同的范式。法律生态化是参照生态学基本原理，从社会生态系统的角度认识与完善法律制度，并维护法律系统的生态平衡。[④] 在我国，法律生态化理论从一开始的环境资源与保护法领域逐步扩展到民

① 参见靖继鹏、张向先主编：《信息生态理论与应用》，科学出版社 2017 年版，第 12—13 页。

② 参见李北伟、靖继鹏、王俊敏、刘智喜：《信息生态群落演化过程研究》，载《情报理论与实践》2010 年第 4 期。

③ 参见李北伟、靖继鹏、王俊敏、刘智喜：《信息生态群落演化过程研究》，载《情报理论与实践》2010 年第 4 期。

④ 参见刘惠荣、刘玲：《法律生态化的重新界定》，载《中国海洋大学学报（社会科学版）》2013 年第 4 期。

法、行政法等其他部门法领域，对于罪群生态系统的研究具有指导意义。从生态系统论角度，刑法分则所有罪名处于一个整体生态系统之中，个罪、罪群、类罪之间形成了微观系统、中观系统和宏观系统，并组成刑法分则的罪名生态系统和不同层次的罪群生态。具体到电信网络诈骗，其生态化刑法治理须明确以下三点。

第一，诈骗罪是电信网络诈骗生态系统的核心。由于电信网络诈骗话术内容、诈骗形式的多样性和物料设备的迭代性，电信网络诈骗罪群天生具有扩张特征。反电诈法列举的电信治理、金融治理和互联网治理三大领域基本可以囊括电信网络诈骗罪群的罪名，通过掌握上述领域的行业知识与监管数据，司法机关可以及时捕捉电信网络诈骗行为的新变化，并与反电诈法的治理格局相适应。

第二，电信网络诈骗属于综合性犯罪。将诈骗类犯罪之外的电信、金融和互联网犯罪纳入罪群生态系统，可以建立电信网络诈骗罪群生态化的犯罪图谱和立体式、全方位的模型，直观地展现出犯罪各个环节的作用，以制定对应的治理策略。电信网络诈骗犯罪的实施离不开各个环节的配合，只要切断其中的一个环节，就能遏制电信网络诈骗犯罪社会危害性的扩散。根据犯罪图谱和犯罪模型，可以快速制定侦查布控、证据收集、追赃挽损等行动方案。例如，在李某等人诈骗、侵犯公民个人信息及掩饰、隐瞒犯罪所得案中，行为人通过使用 VOS 计费网络电话通话线路，AI 语音机器人自动拨打电话形成语音和文本通话记录的内容分析，确定贷款意向强弱等级，并按照精心策划的自动应答话术套路，添加被害人联系方式，推送虚假贷款 App，从而顺利实施诈骗活动。该案的典型意义在于宣示依法全链条打击电信网络诈骗及其关联犯罪。对于泄露个人信息的渠道和人员，明知是诈骗团伙而相对稳定提供技术支持或特定帮助行为、已成为诈骗链条固定环节的共犯，以及明知实施电信网络诈骗犯罪而提供信用卡并帮助取现的行为人，均依法严惩。[①] 在个案中归纳个人信息泄露的渠道并进行行业治理，惩戒提供技术支持部分的“黑灰产”，可以显著降低诈骗行为实施的频率和犯罪结果的转化率，跟踪取款人的行踪轨迹则可以第一时间展开追赃挽损工作。

第三，司法机关在办理电信网络诈骗类案件时，既要注重诈骗团伙内部犯罪分子刑事责任的均衡性，也要保持对上下游犯罪行为人刑事处罚的均衡性。确定刑事责任的第一要素是确定诈骗金额。目前，电信网络诈骗案件到案人员多为诈骗团伙的中下层人员以及网络“黑灰产”的从业人员，这些群体不是犯罪团伙核心人员，获利较少，但涉案金额不低，很有可能要在十年有期徒刑以上确定其基准刑，最终应当判处的刑罚可能与其实际获利、在犯罪中的地位与作用不相称。只有将电信网络诈骗的关联罪名整合为同一罪群，研究各个犯罪构成的关联程度和法定刑设置的轻重关系，才能做到无论是并案处理还是分案处理，犯罪团伙内部、上下游犯罪之间均实现罪刑均衡。另外，电信网络诈骗犯罪已经出现了跨境诈骗的趋势，最高人民法院于 2024 年 7 月发布了《依法惩治跨境电信网络诈骗及其关联犯罪典型案例》，[②] 几乎是对《办理跨境电诈刑案意见》规定进行了“逐项注释”。这批案例多个案件关注对幕后“金主”“实际控制人”“帮凶”“从事服务保障工作的人员”刑事责任进行的差异性追究，也强调了追赃挽损、打财断血在电信网络诈骗案件中的运用。目前，反电诈法并未将出入境领域作为专门的治理领域，仅在第三十六条规定移民管理机构和公安机关可以采取不准出境的

① 参见最高人民检察院：《检察机关依法惩治电信网络诈骗及其关联犯罪典型案例》，载最高人民检察院网站，https：//www. spp. gov. cn/spp/xwfbh/wsfbt/202311/t20231130_ 635188. shtml#2，2024 年 10 月 20 日访问。

② 参见最高人民法院：《依法惩治跨境电信网络诈骗及其关联犯罪典型案例》，载最高人民法院网站，https：//www. court. gov. cn/zixun/xiangqing/439351. html，2024 年 10 月 19 日访问。

措施。相应措施带有预防属性，但只能解决一时之急。未来可以考虑将出入境管理领域列入电信网络诈骗犯罪治理体系当中，加强追逃追赃跨境刑事司法合作，形成对该类犯罪生态化、系统化的刑事治理。需要注意的是，公民出境后接触、转入电信网络诈骗团伙，既有出于经济利益的考虑，也有受蒙骗的情况，应当区分对待。

三、电信网络诈骗共同犯罪的认定

电信网络诈骗犯罪刑法适用的难点是共同犯罪的认定。为了打击电信网络诈骗共同犯罪，相关司法解释规定了具体的认定规则。下文就电信网络诈骗犯罪中共同故意的认定、主犯与从犯的区分、帮助行为的认定进行探讨。

（一）电信网络诈骗共同犯罪故意的认定

在电信网络诈骗刑事案件中，认定共同犯罪需要判断是否存在共同故意和共同行为。① 由于电信网络诈骗手段的非接触性与隐蔽性，该类犯罪共同犯罪的认定具有较大难度。行为人采用非面对面的方式进行意思沟通与信息传递，使得查证难度大大提高。实务中，虽然可以通过电子证据还原犯罪细节，但线上沟通存在语言表述不明确、词句隐晦等问题，加之电子数据通常体量巨大，证据审查工作将会耗费大量司法资源。

在行为人主观上是否存在共同故意的判断上，需要关注如下审查要点：第一，行为人的意思联络。若行为人在犯罪行为实施之前已经达成共同犯罪的意图，并进行了相应的策划与部署，根据“部分行为，全部责任”的刑事归责要求，即使犯罪实行过程中行为人相互不配合，

① 参见戴长林主编、最高人民法院刑事审判第三庭编著：《网络犯罪司法实务研究及相关司法解释理解与适用》，人民法院出版社2014年版，第61—62页。

只要行为人没有脱离犯罪，就需要承担共谋内容对应的刑事责任。证明行为人共谋的证据，除了供述与辩解等言词证据之外，还包括短信、微信、Skype等即时通信工具的聊天记录等电子数据，以及工作日记、账目记录等具有较强证明力的书证。对行为人是否存在意思联络的审查，应当根据行为人的身份采取不同的审查标准：对于电信网络诈骗团伙犯罪嫌疑人，应当重点审查其对诈骗话术、工作场所、犯罪团伙管理控制规定、组织纪律等要素是否存在交流；对于网络“黑灰产”等电信网络诈骗提供帮助者，应当重点审查其与被帮助者的关系、所提供帮助内容的异常程度、获利给付方式的异常性，以及是否已经出现足以推定行为人主观明知的情形存在。行为人之间没有直接交流，但只要他们认识到共同参与电信网络诈骗活动，就可判定行为人之间具有共同故意，且共同犯罪的全部行为都在其应当承担的刑事责任范围内。在行为人单独实行犯罪行为的情况下，仅依靠其行为无法判定是否存在共同故意；如果行为人事后共同分赃，应当留意其事前存在共谋的可能性。第二，行为人的主观明知。关于明知的程度，理论界与实务界存在一定的认识分歧。按照共犯从属性，行为人主观上仅概括认识他人可能利用信息网络实施犯罪，但不知道具体犯罪的内容、性质等内容，无法与上游犯罪形成意思联络，则不宜认定为共同犯罪，而应当按照帮助信息网络犯罪活动罪定罪处罚。也有学者认为，若规定帮助者需对正犯的犯罪行为具有详尽的认识，将会显著缩小帮助犯的惩处范围，进而可能导致帮助犯这一概念在实质上变得模糊甚至空洞，[①] 因此，行为人具有违法性认识即可。电信网络诈骗犯罪行为复杂、人员众多，在犯罪团伙内部，行为人具有对犯罪事实的认识即具有明知。构成要件具有违法推定机能，行为人对构成要件事实的认识与违法性的认识，二者是同时的。对于犯罪团

① 参见张建、俞小海：《电信诈骗犯罪中帮助取款人的刑事责任分析》，载《法学》2016年第6期。

伙外部的帮助者而言，诈骗罪共犯与帮助信息网络犯罪活动罪的区分问题，属于理论上片面共犯的认定问题，在行为人提供信用卡参与犯罪和“专门取款人”等场景中尤为明显，下文详述。

（二）电信网络诈骗犯罪主从犯的认定

电信网络诈骗犯罪团伙庞大的成员规模、明确的职责划分、层次分明的组织结构、高度细化的分工、流水线般的操作模式以及成员间的单线联系方式，导致主从犯难以区分。将组织者、管理者等核心人员认定为主犯不存在疑问，难点在于如何确定从犯的范围，或者说哪些形似主犯的行为人可以被认定为从犯。司法部门鼓励从犯在规定期限内积极投案自首、协助抓获主犯、积极协助追赃。关于如何认定从犯，《办理电诈刑案意见（一）》基本引用刑法条文，没有给出具体的判断规则，直到《办理电诈案件指引》和《办理电诈刑案意见（二）》的出台，电信网络诈骗的从犯认定规则才逐渐具体化。《办理电诈案件指引》区分了“被招募发送信息、拨打电话”的行为人和“专门取款人”，有条件地承认上述主体被认定为从犯的可能性。《办理电诈刑案意见（二）》规定的从犯特征是经应聘入职仅领取少量工作报酬，按照工作指令仅从事辅助型、劳务性工作，参与时间较短、诈骗数额较少、发挥作用较小。总体而言，上述从犯规定的认定标准仍然较为严苛，不利于鼓励行为人投案自首。电信网络诈骗行为人的基准刑由犯罪金额确定，经常出现一线或二线话务员的基准刑在十年以上有期徒刑的情况，这些行为人的作用可能并不大，其之所以被认定为从犯并不是依据上述办案指引或者司法解释，而是直接依据刑法条文，确认其在犯罪团伙中的层级较低、作用较小。《办理跨境电诈刑案意见》指出，因客观条件限制无法查明犯罪嫌疑人、被告人具体犯罪数额时，应当综合考虑其在犯罪集团、犯罪团伙中的地位和作用、参与时间、与犯罪事实的关联度及主观恶性和人身危险性等，准确认定罪责。因此，犯罪数额始终是决定行为人刑事责任的第一根据。实践中常出现接线员因团队内其他接线员诈骗金额特别巨大，以至于应当负责的犯罪数额远超其他人的情况，在该种情况下，就容易出现罪刑不相适应的问题。此时应当结合工作种类、发挥作用等要素进行综合判断。即便在行为人犯罪数额可能特别巨大的情况下，也不能唯数额论，还需要考虑从犯成立的可能性。

电信网络诈骗犯罪中主犯和从犯的刑事责任范围分配，具有一定的特殊性。犯罪团伙成员基于明确的分工协作，共同推进诈骗计划的实施，每名成员的行动均对最终诈骗成果的产生具有实质性作用。按照《办理电诈刑案意见（一）》的规定，犯罪集团首要分子以外的主犯，应当按照其所参与的或者组织、指挥的全部犯罪处罚；多人共同实施电信网络诈骗，犯罪嫌疑人、被告人应对其参与期间该诈骗团伙实施的全部诈骗行为承担责任。《办理电诈刑案意见（二）》《办理跨境电诈刑案意见》等文件更是以综合认定方式认定犯罪数额，只有在确因客观条件限制无法查明犯罪嫌疑人、被告人具体犯罪数额时，才综合考虑其在犯罪集团、犯罪团伙中的地位和作用、参与时间、与犯罪事实的关联度及主观恶性和人身危险性等因素认定罪责。这意味着，无须对主犯或从犯单独核算其个人拨打电话次数、发送短信量、直接诈骗的被害人数量或具体诈骗金额，其对参与期间诈骗团伙的全部行为均须承担刑事责任。例如，在戴某波等人诈骗一案中，法院结合案件中行为人之间的意思联络、共同诈骗行为以及赃款分配等方面，综合论证各成员应当对诈骗团伙的整体诈骗行为承担刑事责任。[①] 实践中经常出现从犯到案但是主犯没有到案的情况，然而对从犯的审判工作不可能等待主犯落网后才开始，否则势必极大地限制打击犯罪的效率和效果，使得大量犯罪活动难以得到根本性的遏制。针对这一情况，《办理电诈刑案意见（一）》

① 参见薛美琴：《电信网络诈骗犯罪司法适用疑难问题研究》，载《人民司法（案例）》2017 年第 14 期。

就如何追究已经到案成员刑事责任的问题进行了明确规定：部分犯罪嫌疑人在逃不妨碍已到案共同犯罪嫌疑人或被告人的犯罪事实的确认，可先行追究到案犯罪嫌疑人或被告人的刑事责任。需要注意的是，如果案件证据中缺乏主犯的供述与辩解可能会引起对从犯定罪量刑的畸轻畸重，审判工作必须妥善注意罪刑均衡原则的实现情况。这个问题是任何分案处理或者另案处理案件的共性问题，而由于电信网络诈骗案件犯罪事实、涉案人数、触犯罪名众多，这个问题尤其明显须切实加以解决。

（三）电信网络诈骗犯罪中帮助行为的认定

电信网络诈骗依赖于资金流、信息流等方面的支持，不仅需要网络“黑灰产”提供“伪基站”等设备进行发送短信服务，还需要依赖金融机构、网络服务提供者、电信业务经营者提供的银行卡、第三方支付平台、电话短信、即时通信等服务实施诈骗和转移资金。对电信网络诈骗的帮助行为，实务中存在两种定罪路径。

第一种路径是选择诈骗罪共同犯罪的归责模式。以共同犯罪（共犯）论处符合学理通说和司法惯例，其缺陷在于在实行犯不构成犯罪或者无从查清实行行为的犯罪事实时难以贯彻到底。此外，某些帮助行为的危害性并不亚于实行犯，以从犯论处可能会造成刑事打击不力。《办理电诈案件指引》注意到这个问题，其指出共同犯罪内的“专门取款人”，由于其可以在短时间内将骗款异地转移，对诈骗既遂起到至关重要的作用，大大增加了侦查和追赃难度，不宜一律认定为从犯。事实上，除了“专门取款人”以外，在特定条件下，其他的帮助犯行为的社会危害性也不亚于实行犯。以诈骗罪共犯论处的情况，常见于行为人与诈骗团伙具有事前共谋或在犯罪中相互勾结，犯罪团伙之外的帮助者与诈骗团伙形成稳定的协作关系，或者向诈骗集团提供特定专门帮助的“黑灰产”团伙。在以诈骗罪共犯论处的情况下，行为人须在实行行为既遂前以自己的行为促进犯罪进程的发展，并且对被帮助对象从事诈骗行为具有概括性的认识。

第二种路径是以帮助信息网络犯罪活动罪论处。对于电信网络诈骗犯罪帮助行为刑事责任的认定，关键在于行为人的主观方面，即其是否具有帮助故意。认定诈骗罪共犯的前提是行为人明知他人实施电信网络诈骗，但行为人在主观上可能至多知道他人利用信息网络实施犯罪，未必明知他人具体实施的是电信网络诈骗犯罪。在无法查证行为人明知他人实施电信网络诈骗犯罪时，帮助信息网络犯罪活动罪成为规制电信网络诈骗犯罪帮助行为的兜底条款。在电信网络诈骗犯罪中，行为人主观上欠缺共同故意，客观上帮助行为与实行行为的关联性弱化，帮助信息网络犯罪活动罪作为共犯正犯化的立法例，正是为了应对这种法律规制困境。如果将帮助对象限定在经查实并经依法裁判的犯罪，或者要求帮助行为人对后续环节犯罪有明确的认识，这是将帮助行为与共犯行为等同对待。[①] 因此，以帮助信息网络犯罪活动罪规制帮助行为时，帮助行为须在实行犯既遂前实施，行为人对利用信息网络实施犯罪具有概括的认识。换言之，帮助信息网络犯罪活动罪仍然遵循共同犯罪的理论路径，只是行为人主观上没有明确认识到他人利用信息网络实施具体的诈骗犯罪，但是行为人必须认识到他人利用信息网络实施犯罪。

四、电信网络诈骗关联犯罪的认定

《办理电诈案件指引》《办理电诈刑案意见（一）》《办理电诈刑案意见（二）》等司法解释梳理了电信网络诈骗罪群上下游犯罪的具体情形，结合实践中电信网络犯罪上下游犯罪的常见情形，罪群中诈骗罪的关联罪名包括：侵犯公民个人信息罪，窃取、收买、非法提供信用卡信息罪，提供侵入、非法控制计算机信息系统程序、工具罪，扰乱无线电通讯管理秩序罪，帮助信息网络犯罪活动罪，非法经营罪，妨害信

① 参见刘宪权：《网络黑产链犯罪中帮助行为的刑法评价》，载《法学》2022年第1期。

用卡管理罪，伪造身份证件罪，使用虚假身份证件、盗用身份证件罪，非法利用信息网络罪，掩饰、隐瞒犯罪所得、犯罪所得收益罪，窝藏、包庇罪，组织他人偷越国（边）境罪，骗取出境证件罪，提供伪造、变造的出入境证件罪，出售出入境证件罪，运送他人偷越国（边）境、偷越国（边）境罪，拒不履行信息网络安全管理义务罪以及洗钱罪等犯罪。这些上下游犯罪相互交织。在电信网络诈骗关联罪名的刑法适用中，存在电信网络诈骗关联犯罪行为与诈骗罪共犯的区分、上下游关联犯罪行为之间的区分以及特定关联犯罪行为的具体认定等问题。

（一）电信网络诈骗关联犯罪行为与诈骗罪共犯的区分

关联犯罪行为或是对犯罪的顺利实施有促进作用，或是增加案件的查处难度，这些行为如果是犯罪团伙内部人员实施，行为既触犯诈骗犯罪又触犯其他个罪时，根据想象竞合原理从一重罪论处即可。如果关联犯罪行为由犯罪团伙外部人员所实施，则需要判断其与诈骗罪共犯的区分问题。其根源在于行为人之间没有明确的意思联络。司法实践中，关联行为定性的错误会导致罪责刑不相适应，即本应作为诈骗罪共犯认定的关联行为，最终以帮助信息网络犯罪活动罪等关联犯罪处断，导致重罪轻诉。关联犯罪行为通常属于电信网络诈骗犯罪的外围帮助行为，对此类行为的定性分析，上文已有论述，不再赘述。

（二）电信网络诈骗上下游关联罪名之间的区分

电信网络诈骗环节众多、行为类型广泛，除诈骗罪以外，往往还触犯多种上下游关联罪名。这些罪名的犯罪构成要件具有一定的重合性，存在认定上的困难。

1. 帮助信息网络犯罪活动罪与掩饰、隐瞒犯罪所得、犯罪所得收益罪的区分

上述两罪的犯罪构成及法定刑存在明显不同：在犯罪构成方面，主

要区别在于犯罪时间条件、行为人对犯罪对象性质的认识；在法定刑方面，区别在于掩饰、隐瞒犯罪所得、犯罪所得收益罪还具有第二档法定刑。由于掩饰、隐瞒犯罪所得、犯罪所得收益罪的犯罪时间节点是本犯既遂之后，在本犯既遂之前行为人帮助取款或者转账的行为，应当按照帮助信息网络犯罪活动罪定性。两罪的区分难题，主要出现在行为人出售、出租银行卡后又提供转账"刷脸"的案件中。此类行为已逐步成为当前"两卡"类案件的主要形态，争议焦点在于行为人提供转账"刷脸"的帮助行为时未必知道犯罪是否既遂，相应资金是否为电信网络诈骗款项以及如何处理。如果不区分行为人的刷脸行为是作为行为人支付密码的输入方式，还是登录银行账户的验证方式，统一认定为掩饰、隐瞒犯罪所得、犯罪所得收益罪，这种"一刀切"的认定思路会造成罪刑不相均衡的境况出现。行为人如果在出售、出租银行卡时一并将支付密码交付，其行为触犯帮助信息网络犯罪活动罪，应当按三年以下有期徒刑处罚。但是，如果不加区分地按照掩饰、隐瞒犯罪所得、犯罪所得收益罪进行认定，行为人可能被按三年以上七年以下有期徒刑处罚。应当充分考虑罪刑不相适应的不利后果，妥善评估行为人的转账行为是否可认定为从犯，并适用减轻处罚。以掩饰、隐瞒犯罪所得、犯罪所得收益罪论处的情况，应当是行为人在本犯既遂后实施，对赃物性质具有概括明知，且上游犯罪查证属实。①

2. 帮助信息网络犯罪活动罪和非法利用信息网络罪的区分

非法利用信息网络罪和帮助信息犯罪活动罪客观上具有相似性。以发送诈骗信息的信息推广服务为例，其行为符合帮助信息网络犯罪活动罪的客观构成要件。同时，该行为是为电信网络诈骗行为的顺利实施制造条件，又符合非法利用信息网络罪的构成要件。此外，发送诈骗信息

① 参见刘宪权、魏彤：《电信诈骗"外围"帮助行为的刑法定性》，载《犯罪研究》2022年第4期。

的行为还存在被认定为诈骗罪（未遂）的可能性。关于两个罪名的区分，须注意以下两点：首先，需要根据设立两个罪名的不同立法目的判断确定规制对象的属性。帮助信息网络犯罪活动罪是共犯行为正犯化的立法例，其立法本意是将网络犯罪帮助行为类型化为轻罪，以此弥补传统共犯理论的规制不足。非法利用信息网络罪则是预备行为的实行化，其立法本意是刑法对侵害法益行为打击的提前化，将犯罪行为扼杀于预备阶段。其次，二者的主要区分标准在于行为发生的阶段以及是否因非法利用信息网络行为产生了危害后果。非法利用信息网络罪规制的行为处于犯罪链条前端，帮助信息网络犯罪活动罪的行为处于犯罪链条的中端或后端，行为定性由其所处阶段决定。① 根据《最高人民法院、最高人民检察院关于办理非法利用信息网络、帮助信息网络犯罪活动等刑事案件适用法律若干问题的解释》关于两罪情节严重的规定，当实害后果产生时，应当适用处于中后端的帮助信息网络犯罪活动罪。

（三）电信网络诈骗中“掐卡”行为的认定

实践中，电信网络诈骗会出现许多具有争议的犯罪场景，本文主要探讨“掐卡”行为的刑法定性。“掐卡”行为是行为人对外提供银行卡并得知钱款入账后，挂失旧卡并补办新卡转移存款的行为，是典型的刑民交叉问题。对于“掐卡”行为，学界的争议主要在于盗窃罪和侵占罪的定性区别。也有观点区分狭义的“掐卡”和取款，认为供卡人的“掐卡”行为保护了电信诈骗被害人的财产，属于违法阻却事由；取款行为侵害了银行管理者对现金的占有与所有，根据取款行为性质认定盗窃罪与诈骗罪。② 持盗窃罪的观点认为，尽管银行卡中的钱款是电信网

---

① 参见欧阳铭怡：《电信网络诈骗关联犯罪法律适用问题研究》，载《法学前沿》2023 年第 3 卷。

② 参见张明楷：《供卡人掐卡、取款的行为性质》，载《法学评论》2024 年第 1 期。

络诈骗款项，但犯罪分子的占有状态受到保护，行为人对卡内的存款不享有权利，因此行为人转移占有的行为成立盗窃罪。[①] 持侵占罪的观点认为，行为人作为存款名义上的占有人，对存款具有实际控制与支配权，因此擅自挂失银行卡并转移存款的行为应当以侵占罪论处。[②] 在此类案件中，行为人的定性取决于如何理解占有。银行卡中存款系行为人和被害人共同共有，行为人以“掐卡”方式排除被害人占有后，打破原来的占有状态、建立自己独占的状态，符合盗窃罪的犯罪构成。之所以排除侵占罪的适用，是因为将代为保管限于合法委托产生的保管并不会放纵犯罪，对代为保管的财物作扩张解释，使之包含占有脱离物，反而超出一般人的观感。[③] “掐卡”行为“黑吃黑”的实质危害性从挂失银行卡就存在，后续的取款行为是使存款进一步脱离电信诈骗行为人的占有，因而不应当区分“掐卡”和取款，应当将二者作为整体对待。行为人出售、出租自己银行卡，如果已经触犯帮助信息网络犯罪活动罪，其后续另起犯意截留存款的行为，触犯盗窃罪，应当数罪并罚。

总之，电信网络诈骗犯罪形态纷繁复杂，究竟采取何种认定及处理方式，需要司法机关根据具体情况予以选择。仅聚焦于其中一个环节可能难以取得显著成效，且此类犯罪活动在受到打压后，往往能迅速通过其他未受影响的环节重新滋生。因此，需要从罪群生态化角度，立足于全链条、全过程的惩治和预防，准确掌握罪群间主要罪名之间的区别，确定犯罪行为的罪名归属，才有可能真正实现对电信网络诈骗犯罪的有效惩治和生态化治理。

（来源：《数字法治》2024 年第 6 期）

---

① 参见陈洪兵：《中国语境下存款占有及错误汇款的刑法分析》，载《当代法学》2013 年第 5 期。

② 参见杨兴培：《挂失提取账户名下他人存款的行为性质》，载《法学》2014 年第 11 期。

③ 参见徐长江、张勇：《将交由他人使用的银行卡挂失非法获取存款如何定性——以韩某某盗窃案为例》，载《法律适用》2019 年第 8 期。

新类型疑难案例选评

赵某民减刑案

张召国*　刘振会**

【裁判要旨】

对于被判处死刑缓期二年执行的罪犯，刑罚执行过程中发现其有未被处罚的漏罪，对漏罪与前罪进行数罪并罚决定执行死刑缓期二年执行的，在其减为有期徒刑时，前罪已经执行的刑期不能予以扣减。扣减前罪已经执行的刑期，不符合数罪并罚要求，违背罪刑法定、罪责刑相适应原则和刑罚执行目的，并且不符合审理减刑案件的要求。

【基本案情】

2011年8月22日，被告人赵某民因犯盗窃罪，被判处有期徒刑十年，并处罚金三万元，刑期自2011年3月9日起至2021年3月8日止，2011年9月8日入监服刑。赵某民服刑期间，被发现故意杀人漏罪，于2018年8月29日被判处死刑缓期二年执行，剥夺政治权利终身，与原判刑罚并罚，决定执行死刑缓期二年执行，剥夺政治权利终身，并处罚

* 作者单位：人民法院出版社《中国审判》杂志社。
** 作者单位：山东省高级人民法院。

金三万元。裁判生效后，赵某民被交付监狱执行。赵某民的死刑缓期执行期间自 2018 年 12 月 10 日起，至 2020 年 12 月 9 日止。2021 年 4 月 29 日，赵某民的刑罚被减为无期徒刑，剥夺政治权利终身。2025 年 2 月 28 日，执行机关提出将罪犯赵某民的刑罚减为有期徒刑的建议，同时建议对前罪已经执行的刑期予以扣减。

【裁判结果】

山东省高级人民法院经审理认为，罪犯赵某民在服刑期间，确有悔改表现，符合法定减刑条件。刑罚执行机关关于刑期扣减的建议没有法律依据，不予采纳。裁定将罪犯赵某民无期徒刑，剥夺政治权利终身的刑罚减为有期徒刑二十五年，剥夺政治权利七年。

[评析]

罪犯刑罚执行过程中发现的漏罪与原罪并罚后，决定执行刑罚为死刑缓期执行时，前罪已经执行刑期的处理

笔者认为，赵某民在死刑缓期二年执行，减为无期徒刑，再减为有期徒刑时，前罪已经执行的刑期予以扣减，不符合数罪并罚要求，违背罪刑法定、罪责刑相适应原则和刑罚执行目的，并且不符合减刑案件的审理要求。

一、扣减刑期不符合数罪并罚要求

（一）数罪并罚的一般要求

我国刑法第六十九条规定，判决宣告以前一人犯数罪的，除判处死刑和无期徒刑的以外，应当在总和刑期以下、数刑中最高刑期以上，酌

情决定执行的刑期，但是管制最高不能超过三年，拘役最高不能超过一年，有期徒刑总和刑期不满三十五年的，最高不能超过二十年，总和刑期在三十五年以上的，最高不能超过二十五年。数罪中有判处有期徒刑和拘役的，执行有期徒刑。数罪中有判处有期徒刑和管制，或者拘役和管制的，有期徒刑、拘役执行完毕后，管制仍须执行。

根据上述规定，对主刑的数罪并罚有三种方法。其一，吸收。适用对象为数罪中主刑最重刑为死刑、无期徒刑的罪犯。方法为：数罪中主刑最重刑为死刑的，其他犯罪的主刑被死刑吸收，只执行死刑；数罪中最重刑为无期徒刑的，其他犯罪的主刑被无期徒刑吸收，只执行无期徒刑。其二，限制加重。适用对象为数罪中主刑为死刑、无期徒刑之外同一刑种的罪犯，即同为有期徒刑、拘役或者管制。方法为：找到“加重”起点，明确“限制”范围，在“加重”起点与“限制”范围内决定执行的刑期。“加重”是指决定执行的刑期在所判数罪的单罪最高刑期之上。例如，A犯了三罪，判处主刑均为有期徒刑，刑期分别为十一年、十年、七年，对其决定执行的刑期时，应当在十一年之上。“限制”指决定执行的刑期受数罪总和刑期和法定最高刑的双重限制，既要在总和刑期之内，也要不高于法定最高刑。如前所述，A犯了三罪，总和刑期为二十八年，最高刑为十一年，根据法律规定，最高刑期不满三十五年的，数罪并罚不得超过二十年，故应当在十一年至二十年的范围内，决定执行的刑期。其三，并科。适用对象为数罪中主刑为有期徒刑和管制或者拘役和管制的罪犯。方法为：有期徒刑、拘役执行完毕后，执行管制。

（二）“漏罪”与前罪数罪并罚的特殊要求

我国刑法第七十条规定，判决宣告以后，刑罚执行完毕以前，发现被判刑的犯罪分子在判决宣告以前还有其他罪没有判决的，应当对新发现的罪作出判决，把前后两个判决所判处的刑罚，依照刑法第六十九条的规定，决定执行的刑罚。已经执行的刑期，应当计算在新判决决定的刑期以内。

根据上述规定，对于判决宣告以后，刑罚执行完毕以前发现的漏罪，与正在执行刑罚的原罪所判主刑的数罪并罚，分两步完成。第一步，确定决定执行的刑罚。即把前罪与漏罪判处的主刑依照刑法第六十九条的规定，根据数罪主刑的不同种类分别适用吸收、限制加重与并科方法，决定执行的刑罚。第二步，确定实际执行的刑罚。即区分两种情形，将前罪已经执行的刑期纳入决定执行的刑罚之中后确定实际执行的刑罚。其一，适用限制加重与并科方法，决定执行的刑罚为有期徒刑、拘役或者管制的，已经执行的刑期纳入决定执行的刑罚后，实际执行的刑期为决定执行的刑期减去已经执行的刑期。例如，B犯故意伤害罪被判处有期徒刑十五年，执行五年后发现盗窃漏罪，又被判处有期徒刑六年，对其漏罪与前罪的数罪并罚时，先将前罪所判有期徒刑十五年与漏罪所判有期徒刑六年，适用限制加重方法，决定执行有期徒刑二十年，再将已经执行的五年纳入决定执行的有期徒刑二十年之中，确定实际执行的刑罚为有期徒刑十五年。其二，适用吸收方法数罪并罚，决定执行的刑罚为死刑或无期徒刑的，将已经执行的刑期纳入死刑或无期徒刑之中后，确定的实际执行刑罚仍然是死刑或无期徒刑。对此，可以理解为，仍然适用吸收方法，已经执行的刑期被死刑或无期徒刑吸收。此种方法符合我国刑法关于刑期计算与折抵的规定精神。我国刑法第四十一条、第四十四条、第四十七条规定了管制、拘役与有期徒刑的刑期计算与折抵要求，即判处管制，判决执行以前先行羁押的，羁押一日折抵刑期二日；判处拘役、有期徒刑，判决执行以前先行羁押的，羁押一日折抵刑期一日。但是，我国刑法没有规定无期徒刑与死刑的刑罚折抵要求，即判处无期徒刑或者死刑的，判决执行以前羁押时间不予折抵，不仅数罪并罚决定执行的刑罚时不予折抵，无期徒刑或者死刑缓期二年执行减为有期徒刑后，也不予折抵。

因此，对赵某民减刑时已经执行的刑期予以扣减不符合数罪并罚要求。

二、扣减刑期不符合罪刑法定原则

根据罪刑法定原则，对赵某民判处的刑罚以及实际执行的刑罚均应当由法院根据法律规定作出的生效裁判确定。因赵某民漏罪判处主刑为死刑缓期二年执行，法院生效裁判根据刑法第七十条的规定，作出决定对赵某民执行死刑缓期二年执行，剥夺政治权利终身，既进行了漏罪与前罪的数罪并罚，也将已经执行的刑期纳入了决定执行的刑罚，这一决定是完成数罪并罚两个步骤后作出的实际执行刑罚的决定，是严格执行刑法第七十条规定的结果。刑罚执行机关应当严格执行这一决定。对赵某民决定执行死刑缓期二年执行，减为无期徒刑再减为有期徒刑时，对已经执行的刑期予扣减，没有法律依据，不符合罪刑法定原则要求。

三、扣减刑期不符合罪责刑相适应原则

根据罪责刑相适应原则，法院根据罪犯犯罪的事实、性质、情节和对社会的危害程度，对罪犯判处的刑罚，是罪犯应当承担的法律责任。刑罚执行过程中对罪犯的减刑，是根据罪犯在刑罚执行期间的表现对生效裁判确定的刑罚进行调整，使其在执行期间的良好表现得到法律的褒奖，这种减刑褒奖所减的刑罚与其在执行期间的良好表现相当，仍然符合罪责刑相适应原则。但是，赵某民减刑案中，对赵某民减刑时，对已经执行的刑期予以扣减，不是依据赵某民执行期间的表现作出的减刑，而是以生效判决确定前的事项（前罪已经执行的刑期）改变生效裁判确定的刑罚。这种改变是对已经执行的刑期在生效判决作出数罪并罚决定时已经评价的情况下，又进行了一次事后重复评价，导致的结果是减轻了赵某民应当承担的刑事责任，不符合罪责刑相适应原则。

四、扣减刑期不符合刑罚执行目的

刑罚执行的目的，一方面，是让罪犯受到应有的刑罚惩罚；另一方

面，是让罪犯在刑罚执行期间得到教育改造，能够重新回归社会。其中，刑罚惩罚是前提和重心，通过刑罚执行，让罪犯充分认识到自己犯罪必须承受相应的刑罚惩罚，产生对法律的敬畏，促使其回归社会后自觉守法。教育改造是对罪犯的挽救，为罪犯回归社会创造条件。刑罚执行的首要任务是让罪犯受到应有的惩罚。赵某民减刑案中，赵某民漏罪系刑罚执行期间被发现有故意杀人犯罪未被处罚。赵某民隐瞒故意杀人的漏罪犯罪事实，意图逃避故意杀人犯罪应当受到的刑罚处罚，足见其主观恶性很深，应当承担相应的刑罚处罚后果。如果扣减其前罪已经执行的刑期，等于认可其隐瞒犯罪事实的正当性。即其隐瞒漏罪不需要承担对其不利的后果，因为，其隐瞒的犯罪事实被发现后，前罪已经执行的刑期予以折抵，其没有承担任何不利后果，如果不被发现，则逃脱了法律制裁。因此，对已经执行的刑期予以扣减，会放纵罪犯隐瞒犯罪事实的行为，不符合刑罚执行的目的。

五、扣减刑期不符合减刑案件的审理要求

减刑是法院对刑罚执行机关提出的罪犯减刑建议是否适当进行审理后，裁定是否对罪犯进行减刑的审理程序。审理的范围限于刑罚执行过程中罪犯的实际表现，刑罚过程中罪犯实际表现之外的事项不属于减刑案件的审理内容。赵某民减刑案中，前罪已经执行的刑期这一事项发生在生效裁判作出前，不属于减刑案件的审理范围。因为，前罪已经执行的刑期是否扣减是生效判决作出时法院考量的事项，生效判决确定刑罚时已经对这一事项进行了考量。退一步讲，如果生效判决决定刑罚时没有对这一事项进行考量导致生效判决确定的刑罚确有错误，应当由生效裁判作出法院及其上级法院启动再审程序依法纠正，减刑案件审理中不能直接改变生效判决确定的刑罚。

综上所述，对赵某民减刑时不能扣减前罪已经执行的刑期。

最新法律文件解读丛书

稿　　约

最新法律文件解读丛书是一套以为最新法律规范提供同步“解读”为主的系列丛书,分为刑事、民事、商事、行政与执行4个分册,按月出版。

本丛书以“解读”为重点,突出全、专、新、快、准等特点,通过对最新出台的法律、法规、司法解释、部门规章以及重要地方性法规进行同步动态解读,弥补了法律、法规、司法解释汇编类出版物没有同步阐释、解读内容的不足,为广大读者学习理解最新法律规范,正确贯彻执行法律文件,及时解决实践中的新情况、新问题,提供一个全方位、多层面的法律信息平台。

欢迎您向以下栏目赐稿:

【最新法律文件解读】主要是对最新颁行的法律文件进行解读,帮助司法和执法人员正确理解法律文件的立法背景、意义、重点内容、在适用中应注意的问题、与相关法律文件的衔接与互动关系等。

【司法实务问题研究】主要刊登对司法理论、实务及司法管理工作中的热点、疑难问题进行研究及评论的文章。

【新类型疑难案例选评】主要是对司法和行政执法实践中具有典型性和代表性的疑难案例,结合具体案情以及审理或处理结果进行简练精辟的点评,解析认识问题的方法、处理问题的法律依据和在个案中的具体适用。

【法学前沿与新视点】以摘要的形式刊登相关法学理论研究的最新动态及具有代表性和典型性的前沿问题,扩展法学研究的深度和广度。

【法律适用问题解答】主要针对司法和行政执法实践中面临的新问题、热点问题、疑难问题进行简要的解答,指出涉及的法律关系,明确法律适用依据。

稿件一经刊用即付稿酬,稿酬从优。

《刑事法律文件解读》　邓颖君　邮箱:1932255340@qq.com

《民事法律文件解读》　杨　洁　邮箱:1216921515@qq.com

《商事法律文件解读》　路建华　邮箱:shangshijiedu@126.com

《行政与执行法律文件解读》　丁塞峨　邮箱:1290312696@qq.com

人民法院出版社

最新法律文件解读丛书编辑部

人民法院出版社 2025 年连续出版物

中国审判指导丛书

1.《刑事审判参考》

最高人民法院刑事审判第一庭、第二庭、第三庭、第四庭、第五庭共同主办。全年 6 辑,每辑 68.00 元,共 408.00 元。

2.《民事审判指导与参考》

最高人民法院民事审判第一庭编。全年 4 辑,每辑 68.00 元,共 272.00 元。

3.《商事审判指导》

最高人民法院民事审判第二庭编。全年 2 辑,每辑 68.00 元,共 136.00 元。

4.《立案工作指导》

最高人民法院立案庭编。全年 2 辑,每辑 68.00 元,共 136.00 元。

5.《审判监督指导》

最高人民法院审判监督庭编。全年 2 辑,每辑 68.00 元,共 136.00 元。

6.《知识产权审判指导》

最高人民法院民事审判第三庭编。全年 2 辑,每辑 68.00 元,共 136.00 元。

7.《涉外商事海事审判指导》

最高人民法院民事审判第四庭编。全年 2 辑,每辑 68.00 元,共 136.00 元。

8.《中国少年司法》

最高人民法院少年法庭指导小组编。全年 4 辑,每辑 68.00 元,共 272.00 元。

9.《执行工作指导》

最高人民法院执行局编。全年 4 辑,每辑 68.00 元,共 272.00 元。

10.《国家赔偿与司法救助办案指导》

最高人民法院赔偿委员会办公室编。全年 2 辑,每辑 68.00 元,共 136.00 元。

最新法律文件解读丛书

《刑事法律文件解读》《民事法律文件解读》《商事法律文件解读》《行政与执行法律文件解读》

人民法院出版社编。全年 12 辑,每辑 28.00 元,共 336.00 元。

判解研究系列

1.《判解研究》

中国人民大学民商事法律科学研究中心主办,著名民法学家王利明教授主编,CSSCI 来源集刊。全年 4 辑,每辑 68.00 元,共 272.00 元。

2.《刑事法判解》

北京大学法治与发展研究院刑事法治研究中心主办,著名刑法学家陈兴良教授主编,车浩教授任执行主编。全年 2 辑,每辑 68.00 元,共 136.00 元。

3.《刑事法判解研究》

北京师范大学刑事法律科学研究院编。全年 2 辑,每辑 68.00 元,共 136.00 元。

司法从业人员案头必备权威工具书

1.《司法文件选》

最高人民法院研究室编。全年 12 辑,每辑定价 8.00 元,共 96.00 元。

2.《司法文件选解读》

最高人民法院研究室编。全年 12 辑,每辑定价 10.00 元,共 120.00 元。

3.《司法文件选(2023 年合订本)》

最高人民法院研究室编。本书定价 82.00 元。

4.《司法文件选解读(2023 年精选集)》

最高人民法院研究室编。本书定价 86.00 元。

银行汇款方式:

开户银行:工行北京国家文化与金融合作示范区金街支行

账号:0200000709004606170

开户名称:人民法院出版社有限公司

传真:010-67550541

上述图书,邮购请加 15%邮费。

邮局汇款方式:

邮编:100745

地址:北京市东城区东交民巷 27 号

联系人:人民法院出版社有限公司

咨询电话:010-67550595　67550536